L'ART ZEN DU TEMPS

DU MÊME AUTEUR

Qui a peur des années 80 ?, en collaboration avec Nicolas Mélot, Éditions du Rocher, 1980.

La Vie, avant, pendant, après et ailleurs, en collaboration avec Jean-
Yves Casgha, Philippe Lebaud éditeur, 1989.

L'Art de gérer son temps, Éditions de Vecchi, 1988 ; de Vecchi/Poche,
1990.

Objectif succès, Éditions de Vecchi, 1989 ; de Vecchi/Poche, 1992.

Channels : les médiums du Nouvel Âge, Belfond, 1989 ; Pocket, 1992.

Musique et spiritualité, entretiens avec Monique Deschaussées,
Dervy-Livres, 1990 ; Dervy, 1996 ; nouvelle édition : Dervy, 2004.

Et le divin dans tout ça ?, entretiens avec Jean Charon, Albin Michel,
1998.

Psi, enquête sur les phénomènes paranormaux, Presses du Châtelet,
1999 ; J'ai lu, 2001.

Soyez zen, Presses du Châtelet, 2001.

Soyez yang, Presses du Châtelet, 2002.

La Psy : mode d'emploi, ouvrage collectif, Marabout, 2003.

Channels, les voix de l'Au-delà, Presses du Châtelet, 2003.

Papa zen, Presses du Châtelet, 2004.

ERIK PIGANI

L'ART ZEN DU TEMPS

PRESSES DU CHÂTELET

Si vous souhaitez recevoir notre catalogue
et être tenu au courant de nos publications,
envoyez vos nom et adresse, en citant ce
livre, aux Presses du Châtelet,
34, rue des Bourdonnais 75001 Paris.
Et, pour le Canada, à
Édipresse Inc., 945, avenue Beaumont,
Montréal, Québec, H3N 1W3.

ISBN 2-84592-140-3

À Rika, l'amie attentive,
pour qui le temps des autres
est toujours aussi précieux que le sien.

SOMMAIRE

Un art zen du temps

Les temps ont bien changé ! À croire que, depuis une dizaine d'années, le temps qui s'écoule subit les mêmes bouleversements que le temps qu'il fait. « Il n'y a plus de saisons ! » Ce qui équivaut à dire : « Il n'y a plus de temps. » C'est vrai. Tout simplement parce que plus rien ne semble prévisible. Ni le climat ni la vie que l'on mènera demain. Voilà pourquoi on vise moins le long terme qu'autrefois pour vivre de plus en plus au jour le jour.

Même nos enfants, préservés jusque-là, semblent subir les effets de ces changements. Depuis toujours, ils transportaient leur temps avec eux – alors que les adultes, eux, sont transportés par le temps – et avaient leur façon bien naturelle de « prendre leur temps » parce qu'il leur fallait attendre d'avoir une douzaine d'années pour assimiler cette discipline sociale. Aujourd'hui, on les voit fatigués par un temps trop rapide, trop chargé, inadapté à leur rythme biologique, à leur état d'esprit… Comme s'ils avaient, eux aussi, de plus en plus de mal à habiter leur temps.

Le problème, c'est qu'aujourd'hui on ne peut plus « gérer » son temps comme on le faisait il y a vingt ans pour accéder plus rapidement, et avec plus d'efficacité, à la réussite professionnelle. La démarche serait plutôt d'en avoir la maîtrise, mais dans le sens artistique du terme – c'est-à-dire la pleine possession d'une certaine technique, qu'il faut savoir oublier et transcender pour se laisser aller à l'inspiration du moment, pour avoir l'humilité de reconnaître qu'on ne peut pas tout contrôler, pour savoir se rendre disponible à soi-même et aux autres à chaque instant. En somme, pour être capable d'appliquer au quotidien l'une des notions clés de la philosophie zen : le « ici et maintenant ».

Depuis que le chômage touche toutes les couches de la société, on nous apprend qu'il faudra progressivement réduire et partager le temps de travail. Pour la première fois dans l'histoire du monde industriel, le travail payé risque de ne plus être la première occupation de notre vie. Serions-nous à l'aube de la « civilisation du temps libre » ? Si tel est le cas, personne ne l'a vraiment vue venir. Et comme nous ne savons pas très bien où elle va, les rouages de la société se bloquent et patinent.

Pourquoi vouloir affronter de face la vague déferlante, au risque de se laisser submerger, au lieu de surfer dans le sens de la vie ? Certes, il est normal de craindre une soudaine libération du temps ; sous l'ancien diktat : « Le temps, c'est de l'argent », on n'a jamais appris à ne « rien faire ». Le temps de travail donnait un sens au temps libre. C'était au moins une récompense bien méritée. Mais c'était aussi une sorte de chantage entre le devoir de travailler et le droit d'exister… Si la crise s'accentue – mais depuis le temps qu'elle dure, il s'agirait plutôt d'une mutation ! –, le travail payé cessera aussi d'être notre principale source d'identité et de reconnaissance sociale. Il faudra alors quitter les sentiers battus de la société industrielle pour le terrain d'aventures d'une société nouvelle dont l'histoire est encore à écrire.

Puisque le temps s'ouvre et qu'il nous entraîne au-delà de nos limites, il s'agit bien d'apprendre à le maîtriser autrement, et surtout pas avec un chronomètre en main. Les artistes le savent : le moteur de leur inspiration, c'est l'éternité. Ils vivent « hors du temps », ou avec un temps bien à eux, et organisent leur quotidien en fonction de leurs élans créatifs. Leur véritable travail consiste à affiner leur technique, à maîtriser leur art, à être à l'écoute du monde. En se laissant guider par les pulsations naturelles de l'Univers, ils n'ont généralement pas besoin de « loisirs » pour se détendre. Pour eux, vivre le temps, c'est vivre la liberté, et l'exprimer.

Dans ce nouvel espace-temps qui s'ouvre, il sera vain de lutter. Regardez les maîtres en arts martiaux qui ne « luttent » pas contre leurs adversaires, mais absorbent leurs mouvements pour les contrôler. Si, à l'instar de ces maîtres, au lieu de combattre le temps pour le « tuer », on l'absorbe si, au lieu de considérer le temps comme un adversaire, on voit en lui un allié, il devient alors un espace créatif, un temps en soi, vide, ouvert à tous les contenus, où toutes les activités peuvent alors être inventées et peuvent coexister. L'intérêt de ce temps nouveau n'est plus uniquement de pouvoir alterner le plein et le vide, la fatigue et le délassement, mais d'apprendre son métier d'être humain.

La vie « à plein temps » ne laissait plus le « temps de vivre ». Toutes les mères qui courent le soir dans le métro pour « donner » un moment de plus à leur enfant le savent bien ; tous les amants qui désertent leur monde pour être plus longtemps avec l'autre le savent aussi : pour aimer, il faut du temps. Du temps d'écoute, du temps de regard, du temps de chaleur, que l'on ne mesure plus, comme si toutes les horloges du monde avaient soudain cessé de tourner.

L'un des sujets de méditation les plus prisés du zen est justement la nature du temps : éprouver la relativité du temps qui passe, ressentir son flux sans se faire contrôler par lui, prendre du recul sur les routines, ne pas laisser le mental figer la vie... Ainsi, l'observation non duelle de la réalité conduit à découvrir que le temps n'est qu'une illusion, qu'il existe des espaces intérieurs où les secondes ne s'écoulent plus, des espaces illimités où les distances ne comptent plus, puisqu'il n'y a plus de temps pour les parcourir. Voilà pourquoi cette approche zen est devenue l'un des thèmes privilégiés des techniques anti-stress du développement personnel. En effet, prendre conscience du caractère illusoire du temps qui passe a un effet immédiat : il permet de porter un autre regard sur notre façon d'être, de vivre plus en harmonie avec les rythmes de la nature. Une démarche d'autant plus urgente que les rythmes en question deviennent toujours plus aléatoires...

Bien que la première partie de cet ouvrage soit consacrée à une technique « classique », structurée par un ensemble d'exercices qui vous permettront de mieux comprendre comment vous habitez votre temps, ce livre vous propose une méthode qui se démarque des autres guides du genre. D'abord, parce qu'elle s'appuie sur la philosophie zen. Ensuite, parce qu'elle offre une vision « alternative » de la maîtrise du temps. Elle passe notamment par l'« allègement », une notion de plus en plus fréquemment utilisée en développement personnel, par le « ralentissement », une recherche de qualité de vie qui prend aujourd'hui la forme d'un mouvement mondial – la *slow life* –, et par des approches rarement abordées comme la synchronicité, les rituels personnels, la méditation. Enfin, parce qu'elle s'adresse à tous, à chacun d'entre vous, et non uniquement aux cadres en mal d'organisation.

En fin de parcours, vous trouverez également une trentaine de préceptes zen personnels : n'hésitez pas à ponctuer votre lecture et vos travaux de ces petits clins d'œil à l'une des plus grandes interrogations de tous les temps : ils vous permettront, peut-être, de trouver enfin quelques instants de bien-être avec vous-même...

禅

I
ÉVALUEZ

VOUS ET VOTRE TEMPS

*« Si tu ne trouves pas la vérité à l'endroit où tu es,
où espères-tu la trouver ? »*
Maître Dôgen

Parce que personne d'autre que nous-mêmes ne peut habiter notre propre temps – tout comme personne d'autre ne peut habiter notre corps –, le travail sur le temps est avant tout un travail sur soi-même… Or, il est impossible de s'engager dans une démarche sérieuse sans prendre aucune note. Certaines personnes pourront surligner ce livre avec un marqueur fluo et l'annoter dans la marge, mais ce sera loin d'être suffisant pour effectuer un travail en profondeur. De la même manière que, pour faire un véritable travail sur les rêves, il faut les consigner dans un cahier dédié – un « carnet de rêves » –, il est indispensable que vous ouvriez ce que vous pourrez appeler votre « carnet de bord du temps ».

Vous retrouver face à une feuille blanche déclenche en vous un sentiment d'angoisse ou vous donne l'impression de retourner à l'école ? Sachez que l'écriture est pourtant le moyen le plus efficace pour clarifier et cristalliser la pensée. Il est rare que je me déplace sans un carnet de notes. Celui-ci me sert presque quotidiennement, chaque fois que le besoin s'en fait ressentir, à fixer une idée importante, une réflexion, un précepte zen, et surtout, comme tous les compositeurs, une mélodie… Au fil du temps, j'ai même pris l'habitude, en raison de la diversité de mes occupations, d'utiliser plusieurs cahiers de tailles et de couleurs différentes selon les sujets : un cahier pour les rêves, un carnet pour les préceptes et les koans zen, un autre carnet pour la musique, un classeur pour les cours de piano, un grand cahier scolaire pour les conférences et les congrès, etc. Ce n'est pas un investissement très important, et il a l'avantage de vous obliger à organiser clairement l'espace de votre travail, et à clarifier vos idées...

Il ne s'agit pas d'un carnet de voyage dans lequel vous devrez transcrire minute par minute tout ce qu'il se passe dans votre vie, mais d'un « carnet de soutien » pour les moments importants : il vous permettra de garder la trace des mouvements éphémères de votre pensée, de jeter un coup d'œil sur ce que vous avez déjà fait pour prendre un peu de recul par rapport à vous-même.

N'hésitez pas non plus à faire des listes ! Aux États-Unis, le *list-making* est même devenu un outil de développement personnel à part entière... Il y a quelques années, deux thérapeutes[1] ont mis ce procédé de clarification mentale à l'honneur parce qu'il permet non seulement de dégager nos idées, nos besoins, nos manques et nos résolutions du flou dans lequel ils sont embrumés, mais aussi de dynamiser les fonctions rationnelles de notre « cerveau gauche ». Vous pouvez, bien sûr, utiliser votre cahier. Mais, pour ce type d'exercice, vous pouvez aussi préférer les fiches, qui seront probablement plus pratiques. À condition de ne pas les multiplier à l'infini pour éviter le risque de vous disperser !

---

1. Ilene Segalove et Paul Bob Velick, *List Your Self*, 1996 ; *List Your Creative Self*, Andrews McMeel Publishing, 1999.

⏰ LA PERSONNALITÉ DE VOTRE TEMPS

Prenez votre carnet de bord et… un peu de temps ! Vous trouverez six expressions généralement admises pour définir le temps. Il peut y en avoir d'autres, mais celles-ci sont particulièrement représentatives. Parmi ces six expressions, choisissez-en trois qui semblent correspondre le mieux à ce que vous pensez :

1. Le temps est notre ennemi.
2. Le temps est notre esclave. .
3. Le temps est neutre.
4. Le temps est notre arbitre.
5. Le temps est notre maître.
6. Le temps est un mystère.

Ensuite, classez-les par ordre d'importance, et consacrez quelques lignes pour préciser ces définitions en répondant à ces trois questions :
– Pourquoi ai-je choisi ce terme ?
– Comment suis-je devant le temps ?
– Quels sont les avantages et les inconvénients de ce choix ?

Refermez ce livre, et mettez-vous au travail ! Lorsque vous aurez fini, vous pourrez le rouvrir et poursuivre votre lecture…

Voici maintenant les portraits psychologiques qui correspondent généralement aux six grandes attitudes des êtres humains face au temps. Ce sont des portraits sommaires, dans lesquels il est possible que vous ne vous reconnaissiez pas complètement. Cependant, si votre caractère correspond à un autre portrait que celui de l'expression choisie, c'est votre interprétation de votre propre jugement par rapport au temps qui est probablement erroné.

—— **Vous avez choisi : « Le temps est notre ennemi »** ——

Vous passez votre temps à le combattre, et vous vous sentez obligé de lutter éternellement contre la montre. Les personnes qui considèrent le temps comme un ennemi jouent à gagner du temps pour gagner du temps ! Si ce n'est pas obligation, c'est presque par plaisir. Voilà un combat perpétuel qui peut avoir autant de conséquences positives que d'effets négatifs. Cette vie chronomètre en main peut engendrer plusieurs attitudes :

– Vous éprouvez un sentiment de triomphe lorsque vous êtes en avance, et, bien sûr, de défaite lorsque vous êtes en retard ;
– Vous ne supportez pas de voir les autres prendre les choses plus calmement que vous, et le « rien ne presse » que l'on vous rétorque vous met hors de vous ;
– Vous jugez les autres en fonction de la rapidité de leur travail, et non en fonction de sa qualité.

Cette façon de penser entretient l'esprit de compétition et peut faciliter l'accès à ce que l'on appelait, dans les années 80, le « succès ». En un sens, c'est un avantage. Vous aimez l'effort et, pour vous, un problème n'est sérieux que s'il est difficile. Le plus grand inconvénient de cette lutte continuelle contre le temps est que la défaite est certaine : le temps ne peut pas être stressé, tandis que vous…

Les conséquences négatives sont immédiates : si votre esprit est sans cesse en guerre contre le temps, vous ne pourrez pas apprécier pleinement les rapports humains, et toutes les satisfactions deviennent éphémères…

Conseil : Sachez que gagner ou perdre du temps n'a aucun sens car, quoi qu'il arrive, vous ne disposez que de la totalité du temps qui vous est disponible, c'est-à-dire vingt-quatre heures par jour. La meilleure attitude à son égard est d'en faire bon usage ! Pour cela, vous devrez apprendre à lâcher prise sur votre mental en méditant quelques minutes par jour (voir chapitre IV). Documentez-vous ensuite sur la nature subjective du temps, et tentez d'alléger sérieusement vos journées en commençant par supprimer les tâches superflues (chapitre III). Enfin, prenez les moyens de vous intéresser aux techniques antistress et de les pratiquer.

—— Vous avez choisi : « Le temps est notre esclave » ——

Votre préoccupation essentielle est de vouloir en être le maître. Et comment ? En le découpant en une multitude de petites tranches sur lesquelles vous pourrez avoir l'œil : une demi-heure pour le jogging, un quart d'heure pour le petit déjeuner, vingt minutes pour un entretien, etc. Et gare à la minute qui risque de dépasser : tout, dans votre vie, est programmé ! Aussi :

– Vous vous sentez coupable ou honteux de toute réaction spontanée ;

– Toute entorse à vos plans est une défaite ;

– Pour vous, il est essentiel d'être actif et d'obtenir des résultats visibles ;

– Vous prenez votre travail avec vous en vacances ;

– Vous déléguez rarement votre travail à quelqu'un d'autre ;

– Vous ne vivez que dans une optique d'avenir.

En soi, c'est une attitude qui, comme la première définition, peut conduire à une certaine réussite professionnelle. Elle est même supposée en être le fondement, car les avantages de cette conception de la vie sont parmi les plus reconnus dans une société où il est plutôt mal vu de dilapider son temps à des fins non productives… Par exemple, il ne vous viendrait pas à l'idée d'apprendre une langue étrangère juste pour le plaisir !

Cependant, les inconvénients sont tout aussi évidents : puisque tout doit être contrôlé, sans espoir de gain ni de perte, il y a peu de place dans votre vie pour la liberté, la créativité et les joies simples des rapports humains. Alors n'oubliez pas que votre cerveau est une extraordinaire machine biologique, et non un outil électronique. Si vous êtes perfectionniste et travaillez sans recul, c'est un progrès pour un canon, mais pas pour un cerveau !

Vous avez choisi : « Le temps est neutre »

Votre esprit n'est pas encombré par le tic-tac permanent de l'horloge, et vous considérez le temps comme une ressource personnelle, un don que les fées nous offrent à la naissance. Vous pouvez alors, chaque jour, laisser courir votre imagination, car vous savez qu'une pendule n'a pas de valeur humaine intrinsèque, mais peut être parfois utile.

> **Conseil :** Votre mal-être physique et psychologique trouve son fondement dans le décalage entre le temps social (le temps économique) et le temps biologique. Référez-vous au chapitre III pour découvrir que la façon dont vous utilisez le temps n'est pas en accord avec votre temps intérieur. Allégez sérieusement vos journées et apprenez à prendre conscience du moment présent (p. 78).

Cette façon de vivre peut engendrer certains inconvénients, notamment celui d'être plutôt désorganisé et de n'avoir aucun repère (dans le cas extrême, bien sûr). Auquel cas, psychologiquement, vous pouvez être un indécis qui fait le contraire de ce qu'il dit, ou exprime le contraire de ce qu'il fait.

> **Conseil :** Apprenez à gérer votre temps en travaillant en priorité le chapitre I. Ensuite passez au chapitre II pour acquérir quelques éléments de maîtrise. Utilisez vos ressources intérieures pour transformer votre temps en source d'énergie créative. Dans le domaine du développement personnel, vous pouvez aussi vous inscrire à des stages de découverte et d'affirmation de soi.

Vous avez choisi : « Le temps est notre arbitre »

Le temps est le juge de votre vie. Vous l'avez dûment investi du pouvoir de contrôler vos faits et gestes, et vous lui permettez de régner sur vos émotions. Pour être sûr de ne pas faillir à votre système :

– Vous vous entourez de tout ce qui peut symboliser l'existence de votre arbitre et de tout ce qui peut opérer un contrôle temporel sur votre vie : montres, horloges, sabliers, pendules et chronomètres vous gratifient de leur soutien fidèle et inéluctable ;

– Vous êtes obligé de mentir et de dissimuler lorsqu'il vous arrive de ne pas être en accord avec les décisions prises par votre arbitre ;

– Vous avez une attitude émotionnelle aussi forte avec votre montre qu'avec un être humain ;

– Vous vous sentez coupable dès que vous ne parvenez pas à faire tout ce que vous voulez faire ;

– Vous changez régulièrement d'activité parce que si vous considérez le temps comme un arbitre, vous éprouvez le besoin de quitter le terrain de jeu quand cela vous arrange.

Cette attitude peut présenter des avantages, notamment celui d'avoir un rythme de vie favorable à une certaine réussite, mais vous ne serez pas heureux tant que vous chercherez par tous les moyens une synchronisation parfaite de votre vie avec cet arbitre dont vous attendez des signaux précis.

> **Conseil :** N'oubliez jamais que la machine humaine est trop complexe pour être chronométrée avec précision. Pour mieux le comprendre, reportez-vous au chapitre III consacré aux rythmes biologiques, et allégez votre emploi du temps. Oubliez votre montre de temps à autre (voir p. 112). Travaillez également sur votre sentiment de culpabilité (p. 55), et intéressez-vous aux phénomènes de synchronicité (chapitre IV) qui vous apporteront peut-être certaines réponses sur le sens de l'existence.

Vous avez choisi : « Le temps est notre maître »

Vous vous déchargez sur ce grand responsable de toutes les décisions concernant votre vie. Vos expressions préférées sont : « Le temps n'attend pas », « le temps s'en chargera » ou « seul le temps pourra nous le dire ». Le pouvoir que vous attribuez au temps est excessif. On peut convenir que le temps a un certain pouvoir, mais il ne faut pas en exagérer les proportions. Cela vous amène à adopter certaines attitudes déplaisantes :

– Vos habitudes sont réglées au chronomètre et il est hors de question de s'en écarter. Vous vous levez par exemple à 7 heures tous les matins, été comme hiver, travail ou vacances, malade ou en bonne santé ;

– Vous renoncez à faire quelque chose parce qu'il est trop tard ou trop tôt, même si vous en avez envie ;

– Les aiguilles de l'horloge sont les gardiennes de votre existence et elles seules ont le droit de vous dicter votre conduite ;

– Vous pensez que tout ce qui peut être fait en prenant son temps n'est pas très sérieux...

Ce type de comportement limite les choix de mode d'existence. Il est vrai que, en apparence, la vie est plus facile lorsque les choix sont limités. Mais en apparence seulement, parce que se couper de notre potentiel créatif, c'est se couper de l'une des fonctions essentielles de l'être humain. Vous vous êtes enfermé dans une cage qui vous protège de la confusion, des incertitudes et de tout risque. Chez vous, le repas du soir est programmé à 19 h 30, tous les jours de la semaine, et peu importe si les invités arrivent dix minutes en retard, vous avez déjà commencé ! Ce comportement, que l'on pourrait parfois qualifier de « névrotique », vous empêche malheureusement d'avoir une attitude spontanée envers les autres.

Conseil : Il se peut que, après avoir ouvert ce livre, vous le refermiez immédiatement en le qualifiant d'infamant. Il prône en effet exactement les valeurs inverses que celles en lesquelles vous avez toujours cru, ainsi que des comportements résolument opposés aux vôtres... Si quelqu'un vous a offert ce guide, il est probable que ce cadeau soit un message caché. Par exemple, que d'en suivre les conseils pourrait vous aider à voir la vie autrement, d'une façon plus saine et plus libre à la fois. Quoi que vous pensiez, relevez le défi et tentez l'aventure !

Vous avez choisi : « Le temps est notre mystère »

Vous situez le temps hors du domaine conscient. En un sens, vous avez raison : le temps est la variable la plus mystérieuse de la physique et c'est, avec la conscience, l'un des plus grands mystères scientifiques de notre époque. Mais ce n'est pas une raison pour le contourner ! Cette façon de concevoir le temps doit probablement ressembler à celle dont vous percevez votre corps :

vous n'êtes pas conscient de votre estomac, jusqu'au jour où il vous fait mal… Certains aspects de votre comportement doivent ressembler à ceux-ci :

– Vous concentrez toute votre existence sur une seule chose ;

– Vous considérez avec méfiance ou envie tous ceux qui ont une attitude autre que la vôtre à l'égard du temps ;

– Une angoisse latente vous tenaille sur ce qui pourrait arriver, sur tout ce qui concerne l'avenir ;

– Les délais fixes vous font peur ;

– Vous avez souvent l'intention de vous mettre à travailler, mais vous êtes incapable de dire quand ;

– Comme il vous semble illimité, vous avez toujours le temps.

Il est possible que vous consacriez beaucoup de temps à des activités qui n'en valent pas la peine.

Conseil : Il vous faudra apprendre à sérier les problèmes, à tenir un agenda, à gérer, programmer et planifier en suivant pas à pas les chapitres I et II. Allégez votre emploi du temps en supprimant toutes les activités qui n'en valent pas la peine (chapitre III), et travaillez sur d'autres façons de prendre conscience de la relativité de l'espace-temps en vous intéressant aux phénomènes synchronistiques (chapitre III) et en pratiquant la méditation (chapitre IV).

En regardant bien les schémas traditionnels de la gestion personnelle du temps résumés dans ces six portraits, vous constaterez qu'il n'y a pas une attitude idéale. Pourquoi ? Parce que, dans l'absolu, comme chacun d'entre nous est une personne unique, notre propre perception de l'univers est unique, notre temps personnel est unique. Cependant, comme il nous faut vivre en société, notre temps personnel doit s'adapter au temps consensuel. C'est pourquoi, même si l'on veut adopter une attitude zen, il faut apprendre à utiliser les outils et les techniques traditionnels pour être capable, par la suite, de les dépasser…

🕐 COMMENT FILE VOTRE TEMPS ?

Pour avoir la vision la plus objective possible de son comportement dans un temps défini, il faut prendre du recul. Voilà pourquoi le travail suivant risque de prendre un certain temps ! Il vous reviendra aussi d'expérimenter plusieurs formules différentes, et de juger de ce qui est bon pour vous de ce qui ne l'est pas.

Lorsque l'on demande à quelqu'un ce qu'il a fait de sa journée, il arrive parfois qu'il ait du mal à répondre avec précision, si ce n'est avec une rengaine bien connue : « Oh, la routine habituelle... » Plus on insiste pour avoir des détails, plus on a du mal à comprendre l'emploi du temps de la personne interrogée. Sauf, bien sûr, s'il a vécu un événement particulier qui a focalisé son attention. Cela s'explique : lorsqu'on ne vit pas pleinement l'instant présent – le « ici et maintenant » du zen –, on perd la conscience du déroulement chronologique de la journée, qui devient floue au point que, parfois, on puisse avoir l'impression de « n'avoir rien fait de la journée ».

Pour prendre conscience de ce que signifie la notion de « ici et maintenant », il faut commencer par essayer de définir comment on habite son temps. Oui, il s'agit bien du terme « habiter », comme pour une maison ou un appartement, que j'emprunte à Jean-Louis Servan-Schreiber, l'un des grands maîtres français en matière d'art du temps[1].

---

1. Jean-Louis Servan-Schreiber, *Le Nouvel Art du temps*, Albin Michel, 1999.

29

Le meilleur moyen d'y parvenir est de jouer au détective en faisant une véritable enquête sur soi-même. Ce genre d'exercice est souvent utilisé par les formateurs en développement personnel pour inciter leurs stagiaires à avoir une vision plus objective de leur existence, même si, par essence, la perception du temps est subjective.

Après une journée de travail, se dégager de ses problèmes et de l'angoisse du lendemain n'est pas forcément facile. Le mieux est, alors, de prendre un bain relaxant aux huiles essentielles, et de consacrer au moins dix minutes pour une méditation.

À la fin de la journée, vous prenez donc votre cahier et vous relevez avec le plus de précision possible tous les éléments importants ainsi que tous les détails qui, jusqu'à présent, vous semblaient mineurs. Cela vous permettra de constater qu'il n'est pas si facile d'avoir une conscience rétroactive de la journée que l'on vient de vivre. D'autant plus que vous devrez faire cet exercice dans une double perspective : le *vécu objectif* et le *vécu subjectif.* C'est-à-dire : « Ce que j'ai fait » et « comment je me suis senti ». Pourquoi noter les sensations ? Parce que, pour procéder à une analyse fine de son propre comportement, il est indispensable de prendre conscience des informations transmises par votre propre appareil de mesure et de contrôle : votre corps. Nous reviendrons sur cette question dans le chapitre consacré aux rythmes de la nature. Pour l'instant, ne négligez pas cet aspect de votre introspection, qui sera très utile pour la suite de votre travail.

Séparez chaque page de votre cahier en deux colonnes :

TEMPS OBJECTIF
« Qu'ai-je fait ? »

TEMPS SUBJECTIF
« Comment me suis-je senti ? »

En respectant l'ordre chronologique de votre journée, notez, dans la première colonne, chaque événement. Un réveil qui sonne, prendre un bus ou allumer le téléviseur sont des événements, même si vous y êtes habitué (éteindre le téléviseur est d'ailleurs un événement tout à fait extraordinaire dans certaines familles…). En regard de l'événement en question, dans la seconde colonne, notez la sensation correspondante (« j'étais heureux », « j'étais triste », « j'étais impatient », « j'étais angoissé », « j'avais faim », « j'avais froid », « j'ai beaucoup ri », etc.). Si vous n'avez aucune idée de ce que peut donner un tableau descriptif, voici un petit exemple pris sur une première heure standard :

HEURE	TEMPS OBJECTIF	TEMPS SUBJECTIF
6 h 50	Le radio-réveil s'allume. J'écoute la radio.	Je me réveille bien. J'ai fait un rêve bien curieux.
7 h 00	Je me lève. Je vais dans la salle de bains.	De bonne humeur, je crois. Je me sens en forme.
7 h 30	Je m'habille.	J'hésite sur le choix des vêtements.
7 h 40	Je prépare le petit déjeuner.	Je pense à mon premier rendez-vous.
8 h 00	Je pars au travail.	Je me sens stressé(e) par ce rendez-vous.

Ce n'est pas très compliqué, mais il faut essayer d'être le plus précis possible. Et comme personne n'est supposé lire vos notes, vous pouvez y ajouter des détails intimes et des traits de comportement qui ne regardent que vous et n'appartiennent qu'à vous.

Cet exercice, base du travail préliminaire, est très important pour la suite. En général, ceux qui s'y sont tenus disent que cela les a beaucoup aidés à comprendre une bonne partie de leurs problèmes face au temps. Cependant, faire cet exercice une seule fois, juste pour tenter l'expérience, n'a malheureusement aucune valeur. Il faut au moins le refaire tous les jours d'une semaine complète (si vous commencez un mercredi, vous arrêtez le mardi suivant), pour avoir en main un matériel qui regroupe à la fois vos horaires professionnels, votre vie de famille, vos loisirs. Par la suite, si vous le désirez, vous pouvez répéter cet exercice pour observer l'évolution de votre comportement et votre conduite dans le temps.

Dans la perspective du développement personnel, les premiers avantages que vous pourrez en retirer ne sont pas des moindres : cela développera en premier lieu votre *mémoire*, votre *esprit d'observation*, et votre *conscience de vous-même*.

Votre mémoire : Au début, vous aurez certainement des difficultés à vous souvenir de tous les détails de votre journée par manque d'habitude… Mais, peu à peu, tout comme il en va avec les exercices physiques ou l'apprentissage d'un instrument, votre mémoire à court terme sera de plus en plus aiguisée et votre esprit, à force d'être stimulé, jugera par lui-même qu'il est plus pratique d'emmagasiner clairement les informations nécessaires afin de vous répondre le plus rapidement possible.

Votre esprit d'observation : Lorsque toutes les facultés sont actives et que la conscience est en éveil, on observe naturellement mille détails qui nous échappent habituellement – sur nous-mêmes et sur les autres. N'oubliez pas qu'une journée, une année, une vie tout entière est faite de l'enchaînement de tous ces détails qui donnent, au bout du compte, une impression d'unité.

L'un des exemples les plus marquants des résultats que peut donner la pratique de l'observation est certainement celui de Léonard de Vinci. Grâce à ses textes, on sait que Leonardo avait surentraîné ses facultés d'observation avec une méthode particulière qu'il avait lui-même décrite : elle consistait d'abord à stimuler et développer l'imagination à partir de taches colorées ou de nuages dans le ciel ; ensuite à observer les détails de la nature avec le plus de précision possible. C'est ainsi qu'il a écrit, entre autres, des dizaines de traités (sur le vol des oiseaux, la géologie, l'architecture, la géométrie, l'hydraulique, l'astronomie, la phonétique, etc.), réalisé des travaux d'anatomie dont la précision n'a été égalée que trois siècles plus tard, et fait un nombre impressionnant d'inventions très en avance sur leur temps…

Votre conscience de vous-même : Mettre en alerte nos facultés de mémorisation toute une journée éveille l'attention, et donc aiguise la conscience de ce que l'on fait et de l'état émotionnel dans lequel on est. Voilà très exactement l'un des principes fondamentaux du zen : vivre intensément le moment présent. Et ce qui est aussi l'un des grands secrets de l'enfance…

Pensée zen

« Quand un poisson nage, il nage sans fin.
L'eau n'en finit pas.
Quand un oiseau vole, il vole sans fin.
Les cieux n'ont pas de limite.
On n'a jamais vu un poisson nager hors de l'eau,
ni un oiseau voler hors du ciel.
Quand ils ont besoin d'un peu d'eau ou d'un peu de ciel,
ils en prennent juste un petit peu ;
quand ils leur en faut beaucoup, ils en prennent beaucoup.
Ainsi se servent-ils de tout au même moment,
et en chaque lieu ils jouissent d'une parfaite liberté. »

Dôgen

L'ÉVALUATION DU TEMPS

Cette enquête sur vous-même vous a certainement pris beaucoup de temps, mais c'est la matière première indispensable qui vous permettra de poursuivre votre apprentissage de la maîtrise du temps. Les autres avantages de ce travail vont apparaître au cours de l'exercice suivant. Pour positiver ce travail, c'est-à-dire le rendre actif, vous devrez en effet réaliser un certain nombre d'exercices qui vous guideront vers d'autres prises de conscience.

CERNEZ LE TEMPS

Pour avoir une vision claire de ce à quoi vous passez votre temps, il faut commencer par le cerner, en examinant de près une journée complète (au moins) de votre existence, et en répartissant chacune de vos activités selon un classement approprié. J'ai établi ce classement en six points :

1. Le temps du quotidien.
2. Le temps familial.
3. Le temps professionnel.
4. Le temps avec les autres.
5. Le temps de l'équilibre personnel.
6. Le temps des projets.

Ce classement est aléatoire : vous pouvez changer l'ordre selon l'importance que vous accordez à chacune des rubriques, et vous pouvez aussi en supprimer une ou deux d'entre elles si vous pensez qu'elles ne vous concernent pas.

Le temps du quotidien : Il regroupe tous les petits détails de la vie courante : heure du lever, toilette, repas, vaisselle, etc.

Le temps familial : Il regroupe tous les moments que vous passez avec votre famille, le temps que vous consacrez à vos enfants, à remplir vos « obligations conjugales », les repas parfois obligatoires avec la belle-famille, etc.

Le temps professionnel : C'est, bien sûr, le temps que vous passez au travail, déplacements compris. Mais aussi celui que vous consacrez pour rechercher un emploi si vous êtes au chômage rémunéré (dans le cas contraire – vous ne percevez plus d'allocations –, vous pouvez les faire figurer dans la rubrique « temps des projets »). Si vous êtes mère de famille, et si vous le désirez, vous pouvez choisir de considérer votre situation familiale comme une activité « professionnelle ».

Le temps avec les autres : Hors de votre milieu professionnel et de la famille, les « autres » sont généralement des amis. Si ce n'est pas le cas, vous pouvez classer ces relations dans la catégorie « professionnelle ».

Le temps de l'équilibre personnel : Cette rubrique regroupe les loisirs, le sport, le jardinage, les vacances, les rendez-vous avec le psy, les stages de développement personnel, les moments de méditation... Attention : la télévision n'est pas considérée comme un équilibre personnel ! Mais si vous la considérez comme un loisir, vous pouvez créer une colonne spéciale TV.

Le temps des projets : Il comporte tous les moments où vous travaillez pour vous-même, sur vous-même, ou à réfléchir sur votre vie…

Il est possible que vous ne puissiez pas toujours définir avec exactitude une occupation, par exemple si vous considérez votre travail comme un développement personnel (cela arrive !) ou votre vie de famille comme un travail (cela arrive aussi !). Lorsque le cas se présente, essayez de préciser pourquoi il y a une inter-action entre deux domaines considérés généralement comme dif-férents. Il n'est pas nécessaire de réécrire complètement votre cahier de notes (avec l'enquête), car c'est un travail long et fas-tidieux. Vous pouvez retracer votre parcours en utilisant des sigles de couleurs différentes pour chacune de ces activités (TQ = temps du quotidien ; TF = temps familial ; TP = temps pro-fessionnel ; TA = temps avec les autres ; EP = équilibre personnel ; TPR = temps des projets).

Cet exercice a donc pour but de vous inciter à prendre conscience de la nature de vos activités.

DIAGNOSTIQUEZ LE TEMPS

Lorsque vous avez cerné votre temps, vous allez pouvoir établir un diagnostic précis de chacune de vos activités. C'est une méthode d'au-toévaluation que vous devez suivre point par point, avec le plus de pré-cision possible, sans sauter une seule page car vous risqueriez de ne pas profiter pleinement du bénéfice de votre travail.

Choisissez une activité dans l'une des rubriques que nous avons étudiées au cours des pages précédentes. Choisissez de préférence celle que vous pratiquez régulièrement, et vous en ferez ensuite l'éva-luation d'après les questions ci-dessous :

• **Temps requis :** Combien de temps mettez-vous pour accomplir cette tâche ? Connaître la durée d'une action permet en effet de déterminer si elle risque d'être trop pesante.

• **Buts :** Quel est le but de votre action ? Il n'est pas inutile de savoir pourquoi on téléphone à untel ou unetelle, pourquoi on fait du golf, pourquoi on choisit d'aller au restaurant…

• **Résultats :** Qu'avez-vous obtenu de ce que vous avez fait ?

• **Focalisation :** Comment vous sentez-vous en faisant cette activité ? En principe, vous devez déjà avoir une idée sur ce point, car, si vous avez bien suivi le déroulement des exercices depuis le début, vous avez déjà noté votre état d'esprit de chaque moment de la journée sur votre cahier.

En ce qui concerne les activités professionnelles et le temps des projets, en regard de la troisième rubrique (« Résultats »), vous pouvez aussi ajouter une petite évaluation complémentaire en trois points :

A. Identifiez les résultats que vous pouvez attendre en travaillant : sont-ils *positifs* ou *négatifs* ?
Positifs : Éprouvez-vous un sentiment de bien-être ?
    – Envisagez-vous une promotion ?
    – etc.
Négatifs : Allez-vous être fatigué plus que de coutume ?
    – Allez-vous être critiqué par les autres ?
    – etc.

B. Identifiez les résultats comme certains ou incertains : êtes-vous sûr que ce travail va vous apporter les résultats que vous escomptez ? Vous pouvez bien sûr tenter la chance et travailler à l'aveuglette, mais limitez les dégâts et tâchez de ne pas travailler « pour rien » délibérément. Restez cool et utilisez votre temps à bon escient !

C. Identifiez l'importance que vous donnez à ce résultat : si vous pensez qu'il a peu d'importance, vous ne gâcherez pas votre énergie pour rien… à moins que vous n'y soyez obligé.

Maintenant, pour chacune de vos activités, vous devez savoir de quoi il retourne. Attention ! Ces exercices n'ont rien à voir avec un test « à points »… Ils ont pour but de vous faire prendre conscience de la façon dont vous habitez votre temps – la façon dont vous vous comportez dans votre temps. Par la suite, il ne tiendra qu'à vous de déterminer si une activité vous convient vraiment ou non.

Il faut commencer par déterminer ce qui est vital et ce qui peut représenter une pure perte de temps. Toujours pour chacune de vos activités, continuez le processus en répondant à ces questions :

A. Cette activité est-elle vitale, essentielle à votre vie ?
B. Est-elle importante, mais pas essentielle ?
C. Est-elle peu importante ?
D. Est-ce une perte de temps délibérée ?

Ces points de repère vous permettront de déterminer ce qui, pour vous, est important, ce qui ne l'est pas, et de différencier vos objectifs. Parfois, certaines personnes découvrent subitement qu'une activité qu'elles pratiquaient tous les jours et qu'elles croyaient importante, voire essentielle, ne revêtait aucun caractère d'utilité et ne faisait qu'encombrer leur vie. En travaillant sur ce sujet, vous vous apercevrez que nous passons beaucoup de temps à accomplir des tâches inutiles. Généralement, c'est une attitude que l'on adopte inconsciemment pour fuir l'angoisse, et qui peut se traduire sous la forme de trois comportements :

– Répétition des modèles familiers ;
– Rationalisation à outrance ;
– Rejet des responsabilités.

Il faut en effet prêter attention aux fausses traditions, surtout dans le cas où l'on désire opérer un changement dans l'équilibre famille-loisirs-travail, ce qui est bien souvent perçu par l'entourage comme une attitude négative. Changer de comportement, d'attitude ou de mode de fonctionnement peut parfois être freiné, si ce n'est bloqué, par la peur – la peur de l'inconnu, la peur du regard des autres, la peur de perdre ce qui était acquis… Il n'y a rien de plus normal !

Pour résoudre ce problème, il existe un moyen simple : prenez votre courage à deux mains, et confrontez-vous à votre peur ! Dans votre cahier, décrivez la situation le plus précisément possible, ce qui permet à la fois de clarifier l'esprit et de donner corps à la peur. Écrivez simplement « J'ai peur ! » Prenez le temps de méditer sur la situation pendant cinq minutes en respirant bien. Ensuite, trouvez le moyen de faire quelque chose qui vous fasse plaisir (voir un bon film, aller au restaurant avec des amis, acheter une nouvelle paire de chaussures, etc.). Enfin, relisez votre texte, barrez le : « J'ai peur ! » et remplacez-le par : « Je n'ai aucune raison d'avoir peur. » Ce procédé de pensée positive, qui permet de prendre du recul sur soi-même, est généralement très efficace.

🕐 L'OBJECTIF D'ÊTRE

Seul un véritable retour sur vous-même vous permettra de poser des bases pour votre évolution et pour votre accomplissement. « Accomplissement », en effet, car on peut supposer que vous éprouvez le besoin de mieux organiser votre emploi du temps pour mieux vivre. Mais ces bases solides seront aussi nécessaires si vous voulez vous fixer des objectifs précis et les réaliser pleinement. La question la plus importante est alors : « Qu'est-ce qui compte le plus pour moi dans la vie ? » Voilà ce qu'il faut entendre par la détermination d'un objectif ! Ce n'est pas vraiment compliqué, mais cela demande toutefois un peu de préparation…

Il en va de la vie comme pour le temps, puisque les deux sont intimement liés : plus on découvre sa véritable nature, plus on découvre des choses que l'on a envie de faire, moins on risque d'avoir le temps de les réaliser ! Voici donc les points principaux :

- Déterminez ce que vous voulez vraiment.
- Arrêtez ce que vous êtes prêt à abandonner.
- Établissez la liste de vos priorités.
- Clarifiez vos objectifs en établissant une liste.

- Vos objectifs doivent être réalistes et fixés dans la mesure de vos possibilités. Ne fixez pas la barre trop haut !

- Vos objectifs doivent être mesurables et datés pour entrer dans votre champ d'action immédiat.

- Vos objectifs doivent être concrets et précis afin de vous permettre d'en évaluer les résultats (« Ne plus arriver en retard » ne veut rien dire ! Pensez plutôt : « Je dois arriver dix minutes en avance »).

- Répartissez vos efforts afin de ne pas en faire trop d'un seul coup, et risquer ainsi de céder au découragement…

- Vos objectifs doivent concourir à votre plaisir !

- Vous devez être capable de réviser vos objectifs de vie et accepter qu'ils ne soient pas figés une fois pour toutes. Ce point peut sembler paradoxal, mais n'oubliez pas que toute évolution demande des phases d'essai et d'adaptation !

- Évaluez le temps que prendra la réalisation de chacun de vos objectifs.

Déterminer ses objectifs a aussi un autre avantage : cela contribue à économiser de l'énergie et à la canaliser. Lorsqu'un projet est immédiat, il aboutit toujours à une réalisation concrète, et j'insiste beaucoup sur la concrétisation, qui symbolise la réunion du psychisme et de la matière, le symbole étant la liaison entre les mondes spirituels et le monde matériel. Si vous considérez le résultat de votre action comme tel, vous augmenterez vos chances de réalisation en tant qu'être unifié. Si vous justifiez constamment votre comportement et vos actes, c'est que vous n'êtes pas en accord avec vous-même, avec vos principes et vos idéaux.

Rien de ce que vous aimez réellement dans la vie, rien de ce que vous désirez faire ne doit être mis de côté ou évacué sous prétexte que vous ne savez pas le faire ou que vous n'y avez pas droit. L'unification de l'être[1] demande un travail sur soi, long et parfois difficile, mais dont les résultats ont des chances de dépasser vos espérances les plus secrètes. Je vous ai donc conseillé de définir des buts concrets pour commencer votre travail. Toutefois, n'oubliez pas que ce n'est pas la destination qui compte le plus, mais la manière dont vous allez emprunter le chemin qui y conduit. Et faites de chaque seconde de votre vie un événement plein et conscient.

Dernier conseil, sous la plume du poète soufi Bahaudin : « Vous ne pouvez pas tout mesurer au moyen de la même mesure du temps. Une chose doit en précéder une autre. »

---

1. Le concept d'unification peut ici être compris au sens jungien de l'« individuation » : le processus psychique de « centrage » de la personnalité. Selon C. G. Jung, le processus d'individuation, par la voie de centrages successifs, exprime la tendance créatrice de l'inconscient vers une conscience supérieure.

II

MAÎTRISER

JOUEZ AVEC LE TEMPS

« Dans ta demeure, vis près du sol.
Dans ta pensée, demeure simple.
Dans le conflit, montre-toi juste et généreux.
Dans le gouvernement, ne cherche point à dominer.
Dans le travail, fais ce qu'il te plaît.
En famille, sois entièrement présent. »
Tao-tö king

⏰ LES PREMIERS PAS

En vous fondant sur les résultats de votre enquête, vous allez pouvoir engager les premiers pas qui vous mèneront vers une certaine maîtrise du temps. La notion de « maîtrise » demande, ici, d'être définie. On peut dire que maîtriser, c'est être capable de dominer un problème qui pourrait nous dominer. C'est donc être capable de trouver des solutions. Mais ce n'est pas suffisant. Prenez, par exemple, une matière artistique, comme la musique. Un grand maître du piano, du violon ou de n'importe quel instrument est certes un musicien qui a résolu tous les problèmes techniques spécifiques à son instrument. Mais c'est aussi quelqu'un qui, justement, sait oublier toute sa technique, qui sait la transcender pour se laisser aller à son inspiration, pour laisser la musique jouer à travers lui… Tous les vrais musiciens, même les plus entraînés et les plus virtuoses, savent aussi que, certaines journées, rien ne marche : les doigts ne réagissent pas correctement, l'inspiration ne vient pas, l'instrument ne sonne pas, la musique ne « sort » pas. Ils auront beau faire, travailler tant et plus, cet « état de vide », qui ne s'explique pas, peut durer des heures, et peut, parfois, provoquer l'annulation d'un concert. La maîtrise, c'est aussi avoir conscience que nous ne pouvons pas tout contrôler...

PRENEZ CONSCIENCE DE VOUS-MÊME

Lorsque vous avez défini ce qui est réellement important pour vous et que vous avez fait la différence entre ce qui apporte des résultats tangibles et ce qui n'en apporte pas, vous pouvez agir en conséquence. Mais quoi que vous décidiez de faire, il faudra préparer le terrain en prenant conscience des causes qui font obstacle à votre réalisation :

- Vous ne vous connaissez pas vous-même.
- Vous ne connaissez pas le temps.
- Vous vous laissez encombrer et envahir par vous-même et les autres.
- Vous ne réfléchissez pas à l'emploi que vous faites de votre temps.

Un certain nombre d'autres facteurs psychologiques peuvent interférer :

- Vous n'agissez pas, les problèmes s'accumulent et vous êtes préoccupé : généralement, cela tient éveillé la nuit et endormi le jour !
- Votre attitude négative vous empêche d'être créatif et vous renvoie une image négative de votre environnement.
- Vous vous sous-estimez : vous sombrez dans la frustration et l'ennui.

- Vous vous surestimez : la peur de ne pas réussir vous plonge dans une angoisse chronique.
- Vous ne savez pas quoi faire de vos dix doigts, et cela vous plonge dans l'ennui le plus total (n'oubliez jamais qu'une journée ennuyeuse est épuisante…).
- Vous vous culpabilisez inutilement.
- Vous menez une existence contraire à votre personnalité : les tensions et les craintes de l'échec en sont les conséquences naturelles.

Parallèlement, voici les points marquants de l'attitude d'un véritable maître :

- Il connaît ses limites et a appris à composer avec elles.
- Il a développé l'instinct de l'évaluation de la durée de chacune de ses activités.
- Il ne vit qu'un seul temps : le sien.
- Il sait à quoi il veut utiliser son temps.
- Il oriente l'usage de son temps en fonction de ses objectifs.
- Il ne se culpabilise pas lorsqu'il n'atteint pas ses objectifs : il les révise !
- Il agit positivement, estime les choses à leur juste valeur, profite de tout ce que la vie peut lui apporter, et ne s'effondre pas en cas d'échec.
- Il mène une existence conforme à sa personnalité.
- Il sait prendre du recul et laisser le temps s'écouler quand il le faut.
- Il sait écouter les messages de son corps, les signes de fatigue, les symptômes physiques du stress.
- Il sait s'arrêter pour prendre du temps pour lui.

CLARIFIEZ VOS OBJECTIFS

La maîtrise du temps commence donc avec la capacité de se concentrer sur ses objectifs vitaux pour les réaliser. Vous pouvez reprendre votre cahier et suivre la progression de cet exercice qui correspond au schéma « classique » de la gestion personnelle du temps :

1. Établissez une liste de vos priorités, de ce qui compte le plus pour vous.

2. Reformulez chaque principe et transformez-le en mode d'action.

3. Veillez à ce que tous vos principes unificateurs soient compatibles entre eux.

4. Rédigez une définition de chacun de ces principes unificateurs.

5. Établissez un ordre de priorité dans la réalisation de ces principes.

6. Réévaluez les résultats. Dans cette évaluation, vous tâcherez de répondre à ces trois questions essentielles :

   a) Quelles ont été les réalisations les plus importantes ?

   b) Quelles sont les activités qui m'ont été agréables ?

   c) Quelles sont les activités qui m'ont été désagréables ?

7. Réajustez vos actions en fonction de ces résultats. Ce registre d'efficacité vous permettra alors de cerner toutes les pertes de temps et vous obligera à trouver les solutions pour y remédier. Ce travail vous permettra surtout de rester cohérent par rapport à vous-même, de miser sur la qualité de vos actions, et vous apportera l'essentiel, c'est-à-dire une vision globale de votre vie.

GÉREZ, PROGRAMMEZ, PLANIFIEZ

Vous avez compris que toute action doit d'abord être désirée profondément avant d'être prévue. Avoir conscience de la progression désir/volonté/prévision est l'une des clés d'un art zen du temps. C'est la prévision que nous allons aborder maintenant.

Gérer, programmer et planifier ne signifient pas la même chose. Comme vous allez les utiliser pour désigner les différentes phases de l'organisation de votre journée et établir les bases de votre nouvelle vie, autant savoir de quoi il s'agit !

Gérer

Concerne tous les détails de votre vie quotidienne et toutes les décisions que vous allez prendre, minute après minute, en fonction de l'heure, de votre goût, de votre disponibilité ou de votre humeur. Vous pouvez décider, par exemple, d'aller à telle réunion ou telle soirée selon l'intérêt que vous y portez ou selon votre disponibilité. Vous pouvez aussi choisir d'annuler une soirée parce que vous avez besoin d'un peu de calme, de prendre du temps pour vous, de vous retrouver avec vous-même. Gérer s'applique aussi pour le choix de tel restaurant plutôt qu'un autre, de mettre telle robe plutôt qu'une autre, de lire un livre plutôt que d'aller au cinéma. Quoi qu'il en soit, un choix demande une action mentale rapide fondée sur de bons réflexes. Pensez par exemple au temps que vous perdez en indécisions, comme explorer sa garde-robe en hésitant une demi-heure sans savoir sur quel vêtement jeter son dévolu. Apprenez donc à faire un choix rapide et efficace, et ceci pour tous les gestes de la vie quotidienne. Cela augmentera la rapidité de vos réflexes mentaux et votre esprit d'à-propos. Quant aux choix collectifs, il vaut parfois mieux être directif et prendre soi-même les choses en main – dans la limite de la diplomatie – que de perdre du temps à essayer de convaincre les autres.

Cependant, gérer ne signifie pas « contrôler ». Vouloir gérer son temps peut en effet impliquer un désir de contrôler les événements, parfois de vouloir tout contrôler. Mais c'est humainement impossible, et de toute façon bien éloigné de l'esprit zen…

Programmer

Concerne strictement votre emploi du temps, celui que vous allez reporter sur votre agenda sur l'espace d'une semaine ou d'un mois. Ne vous imposez cependant pas un horaire trop rigide et ne craignez pas de négliger votre programmation de temps en temps pour goûter le temps de vivre. Sachez vous laisser aller, sans vous culpabiliser, devant un feuilleton stupide plutôt que d'aller voir le film que vous aviez programmé, ou n'hésitez pas à jouer au Monopoly avec vos enfants alors que vous pensiez être indispensable ailleurs. Restez humain et disponible.

Planifier

Ne signifie pas prédire l'avenir, mais le créer... Cela concerne votre programmation à long terme : stages, achats importants, vacances, voyages, etc. Cependant, il est vrai que les temps ont changé, que notre société est en pleine mutation. Aussi, les vieux modèles de planification sont-ils dépassés : aujourd'hui, on vit beaucoup plus au jour le jour qu'il y a vingt ans, ou même dix ans. Beaucoup d'entre nous ne planifient plus leurs vacances (dates de départ et de retour, lieux de destination, etc.) un an à l'avance, mais quelques mois, quelques semaines, si ce n'est quelques jours avant le départ. Il en est de même pour les réservations de stages, de spectacles, le choix des soirées entre amis... Bien sûr, ce n'est pas une règle absolue, mais on peut aujourd'hui dire que c'est une tendance qui s'est accentuée ces dernières années.

L'une des raisons de ce changement de mentalité est que, à force de se demander de quoi le lendemain sera fait, la plupart d'entre nous préfèrent ne pas y penser. Ou alors y penser un peu moins qu'auparavant... Malgré tout, il faut rester capable de planifier, et le meilleur moyen d'y parvenir, c'est d'établir ses priorités, de se fixer des objectifs.

L'AGENDA

C'est un instrument magique, en quelque sorte le grimoire du maître du temps. Vous pouvez le considérer comme une carte routière qui vous donne toutes les indications pour conduire votre véhicule dans la bonne direction. Mais attention : c'est vous qui tenez le volant de votre véhicule, et non l'inverse !

• Quel type d'agenda utiliser ? De préférence, il doit être assez léger et portable pour tenir dans un sac, les pages de droite et de gauche doivent regrouper une semaine entière. N'utilisez pas les gros cahiers qui consacrent une journée par page : ils sont pratiques pour y noter des recettes de cuisine, beaucoup moins pour y organiser sa vie. Soyez zen : cherchez la simplicité avant tout !

• Combien d'agendas utiliser ? Un seul ! Renoncez à cet exercice de haute voltige qui consiste à reporter d'un cahier sur l'autre les rendez-vous… dont on oublie toujours la moitié, restée sur l'agenda qui ne se trouve jamais au bon endroit.

• Comment se servir de son agenda ? La meilleure façon, c'est d'essayer de trouver la formule qui vous convient le mieux. Ainsi, jouer avec son agenda peut devenir un acte créatif. Un conseil cependant : vous pouvez, en fin de journée, encadrer en rouge tout ce qui n'a pas été fait. Puis, en fin de semaine, regroupez tous vos manques dans votre cahier de travail et les reclasser selon leur ordre d'importance ou celui de vos priorités.

• Et l'agenda électronique ? Voici le gadget le plus incroyablement antizen de ces dernières années. À en croire le nombre de personnes qui, au bord de la crise de nerfs, l'ont abandonné après lui avoir consacré des heures entières, cet instrument semble être aussi exigeant qu'un Tamagochi… Il demande un investissement de temps important, sans compter son coût parfois élevé, et une « computer attitude » – un style de vie qui a intégré toutes les nouvelles technologies – qui ne convient pas à tout le monde. Même si certains de vos amis ne jurent que par lui, optez pour un bon agenda papier.

CULTIVEZ VOS RICHESSES INTÉRIEURES

Un vieil adage dit : « Si tu veux qu'une chose soit faite, confie-la à une personne occupée. » Ce qui pourrait ressembler à un paradoxe est pourtant une réalité. Une personne très occupée sait que plus on réalise, plus on crée, plus la machine tourne bien… et plus on est capable d'en faire ! C'est une roue qui ne peut évidemment pas tourner sans fin, car ni l'homme ni le temps ne sont élastiques et ils ont leurs limites.

Certaines personnes, qui ont une vie intérieure riche et de multiples talents, ne peuvent faire autrement que de mener plusieurs activités de front. C'est, pour elles, la seule voie de réalisation possible. Cependant, la richesse et la diversité provoquent bien souvent des luttes et des drames intérieurs qui ne peuvent être résolus que par la recherche personnelle de l'unité. Les conflits viennent justement de la frustration de ne pouvoir exprimer toutes ses possibilités, souvent réprimées et refoulées. L'unification est donc, pour les personnes riches de talents, le moyen de donner un cadre à leurs désirs et leurs capacités.

Si vous êtes dans ce cas, il y a plusieurs moyens de mener différentes activités de front et de vivre pleinement tout en restant zen. Pour cela, il vous faudra programmer, gérer et planifier avec d'autant plus de rigueur que vous voulez exercer d'activités. Si vous donnez une forme harmonieuse à votre emploi du temps, vous pourrez matérialiser tout ce que vous désirez, à condition d'aborder vos nouvelles activités avec un projet bien défini. La maîtrise de chacune de ces activités suppose trois stades :

- La *motivation*. Il faut, bien sûr, désirer un résultat !
- La *volonté*. Pour surmonter les phases de découragement, naturelles chez chacun d'entre nous.
- L'*intégration*. C'est-à-dire la reconnaissance d'une réalisation.

Vous avez ensuite le choix entre trois façons de procéder :

- *Faire les choses les unes après les autres sans qu'elles aient vraiment un lien entre elles.* Vous aurez alors des projets parallèles qui donneront d'excellents résultats du fait même de leurs différences.
- *Alterner les objectifs.* Mais ne les déterminez pas trop précisément dans le temps, pour leur permettre de se réaliser pleinement lorsque l'occasion se présentera et que toutes les circonstances seront favorables.
- *Concilier deux ou trois intérêts vers un seul et même but.* Par exemple, un fanatique de l'automobile, de la radio et de l'écriture pourra réaliser des émissions et des livres sur sa passion.

Dans chacun de ces trois cas, essayez de considérer quel est l'objectif le plus important ou le besoin vraiment essentiel, pour lui accorder la priorité. Il est inutile d'essayer de jouer le rôle de trois, cinq ou dix personnes, mais plutôt de permettre à votre personnalité de s'exprimer en totale harmonie avec ses aspirations profondes.

CESSEZ DE VOUS SENTIR COUPABLE

Qui ne s'est jamais senti coupable de « ne pas avoir eu le temps » ? Le temps de n'importe quoi, d'ailleurs. De terminer un travail, de répondre à une invitation, d'aller faire une course, de défaire ses valises sitôt rentré de voyage, de courir au pressing... « Je n'ai pas pu faire tout ce que j'avais prévu de faire »... Attisée par la honte quasi viscérale de ne pas être à la hauteur, la culpabilité ronge, grignote sur le temps d'être bien avec soi-même. Elle nous fait attendre d'être en vacances pour enfin se laisser être. Mais dans un temps délimité, un temps « autorisé » qui répond aux règles de la société. La culpabilité, certains en font même un art de vivre. Ce qui, dans le tourbillon du toujours plus et toujours plus vite, n'est pas difficile à adopter. Et ce sont ces professionnels de la culpabilité qui disent « Je n'ai plus le temps de rien faire ». Une phrase devenue un contresens puisque, dans leur esprit, elle signifie « je ne peux plus en faire plus que ce que je fais », alors que, littéralement, elle signifie le contraire : ne plus avoir le temps de s'arrêter pour ne rien faire...

Mais d'où vient la culpabilité ? Le plus souvent, elle prend ses racines dans la petite enfance. En général, les interdits qui étaient posés par nos parents étaient assortis de menaces, de chantages et de punitions. C'était un système d'éducation où dépasser une limite était automatiquement sanctionné, et sans aucune possibilité de discussion. Les parents n'expliquaient pas pourquoi il ne fallait pas franchir telle ou telle limite. Par exemple, c'était : « Si tu tapes ta petite sœur, tu seras privé de dessert », plutôt que : « Tu ne dois pas taper ta petite sœur parce que cela lui fait mal, et que le rôle d'un frère est plutôt de l'aider. »

La culpabilité « simple » a quand même son utilité : elle nous permet de nous questionner sur le sens de l'existence, sur le bien et le mal, sur la finalité de nos actes. Mais c'est sur elle que s'est parfois construit, chez certains d'entre nous, un échafaudage de culpabilités de toutes sortes, qui s'appliquent à toutes les situations de la vie (de ne pas avoir envie de sourire, d'être au chômage, de ne pas donner de nouvelles, de ne pas être assez performant, de ne pas être une bonne mère, de ne pas être un top-model, etc.), à un point tel qu'elles peuvent parfois devenir invalidantes. C'est alors que la culpabilité peut devenir pathologique.

Sans aller jusque-là, pour beaucoup, la culpabilité face au temps a commencé à se généraliser au cours des années 80, période qui a introduit dans notre société des impératifs de performance et de réussite professionnelle extrêmement élevés. Une véritable idéologie de l'excellence et de la compétition qui a provoqué une forme de culpabilité liée à la sensation de ne pas « être à la hauteur ». Ni à celle imposée par le monde extérieur, ni à celle que, par conséquent, on se devait de s'imposer à soi-même. Depuis, renforcés par un temps qui ne cesse de s'accélérer, les mécanismes mentaux de cette culpabilité se sont inscrits chez certains si profondément que, même en pleine « vague zen », ils ne peuvent s'empêcher de s'auto-flageller dès qu'ils se sentent dépassés, et mal à l'aise dans leur propre temps…

Parce qu'elle bloque le souffle de notre temps intérieur, se débarrasser de cette culpabilité est l'une des clés les plus importantes pour rester zen dans un monde qui l'est de moins en moins. Comment ? En se sentant responsable de son propre temps et de sa propre façon de l'habiter. Se sentir responsable, c'est avant tout accepter ses propres limites. Entre autres celles que, au fur et à mesure que le temps passe, l'âge nous impose : on ne peut plus faire à soixante ans ce que l'on faisait à vingt, trente ou quarante ans ! Ce qui, sur le papier, semble une évidence criante l'est beaucoup moins au quotidien dans un monde qui érige le « jeunisme » en seule valeur d'être.

Mais se sentir responsable, c'est aussi être capable de faire des choix tout en se reconnaissant le droit à l'erreur. Tout simplement parce que personne n'est infaillible...

Voilà la seule manière de sortir de l'enfermement infantilisant de la culpabilité. Infantilisant parce que, pour beaucoup d'entre nous, il s'est construit autour des « dépêche-toi » incessants qui nous ont été assénés au cours de notre enfance.

Fort heureusement, et quoi que l'on en pense, le sentiment de culpabilité face au temps est l'un des plus faciles à résoudre. En effet, il n'a pas pris racine dans une morale profonde, ni sur une notion fondamentale du bien et du mal, mais sur une perception subjective et des idées reçues. Aussi, le simple fait de prendre conscience que les règles sociales, et celles que l'on s'impose artificiellement à soi-même, vont à l'encontre des rythmes naturels de la vie permet déjà de reconnaître que nous ne sommes pas fautifs du manque de temps, mais d'un manque d'information. Pour cela, référez-vous au chapitre III (« Ralentissez »), qui vous donnera les informations nécessaires sur le décalage entre le rythme social et les rythmes naturels.

En soi, c'est aussi le travail avec l'ensemble de ce livre qui doit vous aider à vous libérer de votre culpabilité face au temps. Vous pouvez aussi méditer sur cette liste de vingt bonnes raisons de ne pas vous sentir coupable.

Recopiez les phrases qui vous « parlent » dans votre cahier, ou sur une petite fiche que vous garderez à portée de la main ou même dans votre poche. Dès que vous sentez la moindre pointe de culpabilité s'agiter en vous, relisez-les à voix haute, plusieurs fois s'il le faut :

20 bonnes raisons pour ne plus se culpabiliser par rapport au temps

1. Face au temps, il n'y a pas d'attitude idéale.
2. J'ai le droit de vivre mon propre temps.
3. Il est naturel d'avoir besoin d'une pause.
4. J'ai le droit de me tromper.
5. Vivre trop vite peut provoquer des accidents.
6. Notre rythme de vie artificiel m'empêche de vivre en harmonie avec les cycles naturels.
7. La pression sociale par rapport au temps est extrêmement forte. J'ai le droit de m'en soustraire pour respirer.
8. Quand je perds du temps, je gagne mon temps.
9. On ne m'a jamais appris à prendre du temps pour moi.
10. Minuter sa vie, c'est l'étiqueter.
11. J'ai le droit de dire « non ». À moi-même et aux autres.
12. J'ai le droit de changer d'objectif.
13. La culpabilité ne fait pas évoluer, elle fait prendre du retard.
14. Les perturbations climatologiques planétaires ralentissent mon élan vital.
15. La vie moderne dérègle mon horloge biologique, il est normal qu'elle ait des « ratés ».
16. Je ne dois pas avoir peur d'adopter un nouveau comportement.
17. Si je n'ai pas eu le temps d'effectuer toutes les tâches que je m'étais attribuées, c'est que je ne les ai pas encore allégées.
18. Ne pas s'en vouloir, c'est respirer et être tendre envers soi-même.
19. La société est en pleine mutation. Il est normal que j'ai parfois du mal à m'adapter.
20. Il n'y a rien de plus naturel que d'avancer en âge…

PRENEZ DU TEMPS POUR VOUS

Prendre du temps pour soi, ce n'est pas « ne rien faire ». Cela n'a même rien à voir. C'est se donner le droit de se retrouver avec soi-même pour se ressourcer. C'est s'exprimer dans une activité que l'on aime, qui donne le temps de penser, d'avoir des idées, de sentir le corps et l'esprit se régénérer. Cela peut être une activité qui permet de se retrouver face à soi-même et met en œuvre nos compétences propres (un art, des travaux manuels, une collection…), ou qui permet de s'occuper de soi, de son bien-être mental et physique (un sport, un soin corporel, une méthode d'auto-développement personnel…).

Pour beaucoup d'entre nous, l'accélération du temps et la multiplication des tâches quotidiennes ont fait reléguer ces moments privilégiés au rang des activités « secondaires », quand ce n'est pas « inutiles ». « J'avais commencé à faire de la peinture sur verre, mais ma vie de famille est devenue trop compliquée », « j'ai toujours rêvé d'apprendre la guitare, mais je n'ai jamais trouvé le temps », « j'aime aller marcher dans les bois, ramasser des feuilles et en faire des bouquets. Je sais que cela me fait vraiment du bien, mais en ce moment je n'ai plus une minute ».

Cependant, prendre du temps pour soi n'est pas un moment que l'on doit considérer comme un « loisir », mais plutôt une pause pour l'esprit. Voilà une notion de plus en plus rare parce que, comme tout le reste, les temps de repos et de loisir sont devenus des objets de consommation. Bien peu, aujourd'hui, n'imaginent pas prendre des vacances « à la maison », sans rien acheter, sans dépenser plus qu'à l'ordinaire. Être en vacances est même devenu, pour ceux qui en ont les moyens, « ne rien faire tout en dépensant beaucoup d'argent ».

En prenant du temps pour soi, il est bien sûr possible de dépenser de l'argent, par exemple si l'on veut faire des soins corporels comme des séances de massage, et il est aussi possible de pratiquer une activité physique, même importante. Mais le critère de qualité d'un véritable moment de ressourcement, c'est l'état de bien-être moral et physique, et le calme intérieur qui en résultent.

N'attendez donc pas les prochaines vacances pour redécouvrir l'utilité du temps pour soi. Considérez-le comme une priorité, et faites en sorte que vous puissiez vous en accorder les bénéfices au moins une fois par semaine. Comment déterminer l'activité qui vous permettra de prendre du temps pour vous ? L'exercice est extrêmement simple, mais demande le temps de la réflexion :

Prenez votre cahier et séparez la page de gauche en deux colonnes :

- Sur la colonne de gauche, faites une liste des six activités que vous aimez particulièrement. Elles ne doivent pas concerner votre activité professionnelle ni se pratiquer en groupe.
- Sur la colonne de droite, faites une liste de six activités qui ont un rapport avec votre corps et votre santé, et que vous voudriez pratiquer pour vous sentir mieux (séances de massage, promenades en forêt, bains relaxants, etc.).

Prenez le temps de la réflexion ! Puis, en regard de chaque activité, vous allez attribuer une note, de 1 à 5, pour évaluer chacune de ces trois affirmations :

1. Au cours de cette activité, je me sens vraiment moi-même.
2. En pratiquant cette activité, je parviens à retrouver mes esprits.
3. Après cette activité, je me sens mieux moralement et physiquement.

Pour chaque activité, vous avez donc trois notes. Additionnez-les. Sur la page de droite, recopiez vos douze activités par ordre d'importance. La première de la liste ayant, bien sûr, la note la plus élevée devrait être en principe celle qui vous permettra le plus de vous retrouver vous-même, de vous ressourcer. Il vous appartient ensuite d'organiser votre planning de manière à ce que vous puissiez la pratiquer aussi souvent que nécessaire.

禅

Histoire zen

Un jeune moine était tout impatient d'apprendre le zen : « Je viens d'être initié, dit-il à un vénérable maître. Seras-tu assez bon pour me montrer la voie du zen ? »

Le maître lui répondit :

« Entends-tu le murmure du ruisseau dans cette montagne ?

— Oui, je l'entends, dit le jeune moine.

— Voici l'entrée », dit alors le maître.

⏱ ALLÉGEZ VOTRE TEMPS

« Il est aussi difficile de vivre dans un temps encombré que dans une maison en désordre », dirait la sagesse zen. Voilà, sommairement, ce que la plupart d'entre nous ressentent. Avec, bien souvent, une sensation d'étouffement et une impression d'écrasement, attisées par un besoin de respirer, de se libérer, ou l'envie de tout laisser tomber pour se réfugier sur une île déserte. Et ne plus penser à rien…

Lors d'une période courte, due à une prise en charge supplémentaire de travail ou à des événements ponctuels – un examen, un déménagement, un divorce, un contrat supplémentaire… –, on sait que la vie reprendra, un jour ou l'autre, un rythme « normal ». Aujourd'hui, tout se passe comme si plus personne ne parvenait à voir le bout du tunnel. C'est ce que, au cours d'un colloque sur la fatigue, le psychiatre Christophe Dejours a appelé la « pathologie de surcharge » pour regrouper les troubles liés à l'« hyperactivité sans fin[1] ».

Comment en sommes-nous arrivés là ? Depuis le début des années 70, nous avons commencé à échanger notre temps de repos contre une grande maison, une voiture, puis une maison avec garage pour la voiture, et une deuxième voiture, si ce n'est trois dans certaines familles. Mais surtout avec une cave

---

1. Colloque international *Vivre fatigué*, 17 janvier 2003, organisé par les Presses Universitaires de France et la Société française de psychosomatique.

et un grenier de plus en plus remplis d'objets plus ou moins utiles, achetés à crédit. Il a d'abord fallu augmenter notre productivité pour payer tous ces biens matériels en entamant notre temps de repos. Peu à peu, nous avons ainsi troqué notre temps de vie contre une abondance d'objets. Le besoin de temps pour soi a été remplacé par le désir de posséder. Résultat : pour répondre aux messages d'une société qui se noie dans son trop-plein, nous sommes obligés de coincer toutes nos activités dans des petites cases, bien serrées les unes contre les autres – comme nos vêtements dans les placards – pour être sûrs de ne pas perdre une minute… Ainsi, la pression constante nous fait entasser, bien souvent pêle-mêle, les objets comme les expériences de vie, les obligations comme les rencontres, les biens personnels comme les contrats, et ainsi de suite. « L'homme a rendu la Terre malade, agonisante, juste pour faire des profits, pour un "trop" qui n'est pas nécessaire à la vie. Trop de voitures, trop de nourriture, trop de confort, trop de plaisir… voilà ce qui a empoisonné notre existence », disait Gitta Mallasz, l'auteur des célèbres *Dialogues avec l'ange*[1].

Voilà la raison pour laquelle un étrange mouvement a commencé à émerger, au milieu des années 90, aux États-Unis et au Canada : la simplicité… « Allez vers toujours plus de simplicité » est d'ailleurs l'une des phrases clés de la philosophie zen. En 1981, l'auteur américain Duane Elgin avait déjà publié *Voluntary Simplicity*[2], dans lequel il écrivait : « Il ne s'agit pas de vivre avec moins comme si c'était un dogme. Il s'agit plutôt de porter notre attention sur un équilibre de vie. » Une bonne dizaine d'années plus tard, son petit livre est devenu en quelque sorte la bible de

1. Gitta Mallasz, *Dialogues avec l'ange*, Aubier, 1990. Interview personnelle du 14 septembre 1990, publiée intégralement dans *Psychologies Magazine*, n° 79, septembre 1990.
2. Duane Elgin, *Voluntary Simplicity, an Ecological Life Style that Promotes Personal and Social Renewal,* Morrow, 1981 ; Quill, 1993.

la « simplicité volontaire ». Ce mode de vie remet en cause tous nos réflexes de consommation, beaucoup de nos comportements habituels au travail, nos gestes antiécologiques, la pensée unique… C'est ce mouvement qui est, entre autres, à l'origine d'actions de sensibilisation comme « la journée sans télévision » ou « la journée sans achats ».

« Lorsque la tasse est pleine, elle ne peut recevoir davantage de thé », disent les Chinois. Allégez donc votre vie : voilà la solution qui vous permettra de résoudre la surcharge que vous ressentez et dont vous vous plaignez. Et il ne s'agit pas que d'alléger son emploi du temps : tous les aspects de votre existence sont concernés. Y compris les placards et les greniers ! La grande maîtresse de ce que l'on appelle le « minimalisme » est une Française installée au Japon depuis une vingtaine d'années, Dominique Loreau, qui anime là-bas des séminaires pour tous ceux qui ne savent plus quoi faire de tout ce qui les encombre. Elle-même, lorsqu'elle voyage, n'emporte qu'un sac avec le minimum de ce dont elle a besoin pour vivre. Elle n'a donc jamais de bagages à enregistrer ! Dans un article qui lui a été consacré dans *Psychologies Magazine*[1], elle explique : « On croit souvent que le minimalisme consiste à se débarrasser du superflu. Or, jeter n'est pas seulement éliminer, c'est faire de la place à ce que l'on aime vraiment. […] La plupart d'entre nous ne s'est jamais demandé ce qu'ils aimaient vraiment. Mais moins on a de choses, plus on éprouve de la facilité à s'alléger. Cela devient automatique, comme une hygiène de vie. » Dominique Loreau donne un exemple : si, au lieu de vingt-cinq couteaux on n'en garde que trois, il est plus facile et plus rapide de choisir le meilleur. Pour elle, le minimalisme, ce n'est pas être radin, c'est dépenser son temps et son argent à bon escient…

1. « J'ai testé l'art du vide », Pascale Senk, dans le dossier « Alléger sa vie », *Psychologies Magazine*, n° 228, mars 2004.

Dans ce même reportage, elle donne quelques conseils pour y voir plus clair chez soi :

- Ne garder que ce qui est utile ou très beau.
- Favoriser la fluidité et l'espace pour que l'esprit se détende.
- Trouver l'unique produit qui remplacera tous les autres.
- Ne garder que sept éléments d'une même catégorie (pour les vêtements).

À vous, maintenant, de passer à l'action...

Le but de cet ouvrage n'étant pas de transformer votre maison en espace zen, revenons au temps, à la manière dont vous allez pouvoir l'alléger. Encore une fois, non pour vous permettre d'augmenter vos performances ou d'en faire plus, mais pour vivre mieux. Alléger son temps est donc avant tout une démarche de bien-être.

Pour y parvenir, un moyen simple : voyez votre temps comme un espace. Par exemple, si vous aimez jardiner, considérez-le comme un jardin. Prenez votre agenda ou votre planning pour les quinze jours à venir et laissez vos yeux se promener sur la surface du papier. Regardez les endroits où vous aimez – ou vous aimeriez – faire une pause et vous ressourcer. Recherchez les endroits trop touffus, pleins de mauvaises herbes, les buissons débordants, les branches qui cachent la lumière. Identifiez les emplacements où les légumes peuvent pousser, ceux qui mériteraient quelques fleurs, les espaces vides pour laisser l'air circuler, les allées pour se promener. Traquez les endroits encombrés de matériaux divers, les outils oubliés... Faites preuve d'imagination !

Alléger son temps est une opération qui demande d'être capable d'identifier en même temps le superflu, avec parfois quelques sacrifices, et les priorités.

Le processus est simple mais demande à être effectué dans le bon ordre. Prenez votre cahier et votre agenda mis à jour, c'est-à-dire avec le plus de détails possible sur vos activités de la semaine (y compris faire les courses, laver le linge, les soirées chez des amis, les rendez-vous d'affaires, etc.). Séparez une page de votre cahier en deux colonnes. Suivez votre agenda jour après jour, heure après heure et :

- Dans la colonne de gauche, reportez toutes les activités prioritaires et essentielles à la vie en leur attribuant une note de 1 à 10 (10 étant la priorité maximum).
- Dans la colonne de droite, reportez toutes les activités annexes, en leur attribuant une note de 1 à 10.

Ensuite, dans votre agenda, entourez de rouge toutes les activités prioritaires dont la note est supérieure à 5, et entourez de bleu toutes les activités annexes dont la note est supérieure à 5. Regardez attentivement votre jardin : les zones entourées de rouge et de bleu sont des espaces fertiles, que vous devez dynamiser. Toutes les autres zones sont superflues ! Cela vous paraît probablement être un tri à l'emporte-pièce, mais c'est la seule façon d'avoir une vision globale de la multiplicité des tâches que vous devez assumer, et de prendre conscience de ce que vous pourrez considérer comme superflu.

Reportez enfin, sur une autre page de votre cahier, toutes les activités dont la note est inférieure à 5 : ce sont les activités auxquelles vous pouvez renoncer...

Histoire zen

Fa-yen, un grand maître zen chinois, surprit quatre jeunes moines qui discutaient entre eux de l'objectivité et de la subjectivité. Fa-yen se joignit à eux, attendit un moment et dit : « Voilà une grosse pierre. À votre avis, elle est dans votre esprit, ou au-dehors ? » L'un des moines répondit : « Du point de vue bouddhiste, tout est une objectivation de l'esprit. Je dirais donc que la pierre est dans mon esprit. » « Ta tête doit te peser terriblement, répondit Fa-yen, si tu te promènes avec une pierre comme ça dans l'esprit ! »

⏱ LES VOLEURS DE TEMPS...

L'expression, utilisée dans tous les manuels de gestion ou de maîtrise du temps, est désormais bien connue. Elle fait référence aux travaux d'un chercheur américain, Alec Mackenzie[1], qui avait fait rédiger une liste personnelle de « voleurs de temps » par chacun des membres de groupes professionnels très différents (présidents d'université, militaires gradés, chefs d'entreprise, courtiers, pasteurs, managers). Il a ainsi relevé une bonne trentaine de « voleurs de temps externes » (des appels téléphoniques imprévus aux démarches administratives personnelles) et de « voleurs de temps internes » (des objectifs confus à la résistance au changement).

Seulement, au final, il apparaît que les voleurs « externes » sont des voleurs « internes » déguisés, réunis sous la bannière des deux plus grands voleurs internes : l'inaptitude à dire non et la peur de déléguer. Aussi, à titre d'exemple, voici une liste unique (adaptée des listes originales) d'une quinzaine de « voleurs » de temps qui concernent directement notre vie quotidienne :

- l'entretien et la réparation des appareils domestiques ;
- les rendez-vous pour les enfants et les conduites ;
- le ménage et les courses ;
- les interruptions intempestives par les enfants (ou les parents) ;

---

1. Alec Mackenzie, *The Time Trap*, American Management Association, 1997.

– les priorités et les objectifs confus ;
– les démarches administratives ;
– la tendance à en faire trop, à être perfectionniste ;
– le manque d'ordre ;
– les appels téléphoniques trop longs ;
– l'incapacité à déléguer ;
– l'attention excessive aux détails ;
– la résistance aux changements ;
– l'inaptitude à dire non ;
– l'indécision ;
– la fatigue et la baisse de forme.

Pour méditer quelques minutes sur chacun de ces « voleurs de temps », vous pouvez reporter cette liste sur votre cahier en reclassant chacun de ses éléments par ordre d'importance – c'est-à-dire selon la place qu'il occupe dans votre vie. Prenez simplement conscience du poids qu'ils prennent, réfléchissez-y en vous demandant comment vous allez pouvoir alléger cette liste. Revenez-y également lorsque vous aurez lu et travaillé le chapitre III.

En attendant, voici quelques conseils pour calmer l'appétit de deux des plus gros mangeurs de temps de notre époque...

LA TÉLÉVISION

C'est l'activité – on devrait plutôt dire l'*inactivité*…! – qui nous fait perdre le plus de temps. Mis à part s'en débarrasser définitivement, il n'y a qu'un seul moyen pour garder tant soit peut une certaine maîtrise sur l'utilisation de la télé : préparer le programme ! L'opération hebdomadaire ne prend que peu de temps. Il suffit d'acheter un magazine télé et de consulter les programmes de la semaine pour y faire son choix. Vous pouvez encadrer au marqueur toutes les émissions qui vous intéressent et les films que vous ne voulez pas manquer. Ceci quel que soit le type d'émission ou le genre de film. Le mieux est de reporter, sur une feuille volante, votre propre programme pour la semaine. Cela vous permettra d'abord d'avoir une base solide pour vous en tenir au choix que vous avez fait, ensuite de calculer le nombre d'heures que vous passez devant la télé chaque semaine. C'est là que, peut-être, vous risquez d'avoir des surprises… La préparation d'un programme peut se faire en solo, mais aussi en famille : apprendre aux enfants à faire des choix, et donc à être conscients du temps qu'ils passent devant la télé, est loin d'être une mauvaise initiative.

LE TÉLÉPHONE

Difficile, aujourd'hui, d'imaginer comment vivre sans téléphone mobile… Utile, il l'est. Pratique aussi. Mais le plus grand danger est d'en devenir complètement dépendant et de dépenser un temps et un argent considérables en conversations aussi inutiles que futiles. Comme pour le téléphone filaire, ne prenez pas de mauvaises habitudes et respectez ces quelques règles :

- Préparez mentalement votre conversation ;
- Déterminez avec votre interlocuteur le temps que vous voulez passer au téléphone ;
- Parlez plus lentement que lors d'une conversation normale pour être sûr que votre interlocuteur vous comprenne bien et ne vous fasse pas répéter ;
- Soyez attentif et présent à ce que dit votre interlocuteur ;
- Ayez toujours un carnet et un crayon à portée de main pour noter les choses importantes ;
- Répondez le plus précisément possible ;
- Si vous êtes dans un train, respectez la tranquillité de vos voisins en parlant à voix basse si vous devez répondre à un appel urgent.

Prenez aussi l'habitude d'éteindre votre portable ou de débrancher votre téléphone filaire lorsque vous devez effectuer un travail important ou que vous avez besoin de repos.

Pour les mères angoissées : n'appelez pas votre enfant, surtout si c'est un ado, toutes les dix minutes pour savoir s'il est bien sorti de l'école, s'il a bien pris le bus, s'il est bien arrivé à son cours de piano, de chant ou de danse, s'il en est bien sorti, si ça s'est bien passé, s'il va bien rentrer à l'heure prévue, s'il a bien traversé la rue, si le train est bien parti, si tout va bien… Certes, les enfants ont besoin d'être protégés, certes l'actualité quotidienne entretient un sérieux sentiment d'insécurité, certes les dangers existent. Mais les enfants ont aussi besoin de respirer, d'apprendre à être autonomes, et n'ont pas besoin de transporter avec eux en permanence l'angoisse de leurs parents. Passez un accord avec votre enfant : déterminez *ensemble* les moments précis où vous allez l'appeler, et ceux où il devra vous appeler.

🕐 LES MAÎTRES DU TEMPS

Nous avons parcouru les principes de base qui peuvent vous aider à acquérir une certaine maîtrise du temps. Les chapitres suivants vous apporteront d'autres réflexions et d'autres approches de la nature du temps, qui sont rarement, ou jamais, abordées dans les autres ouvrages du même genre. En attendant, voici un résumé des idées clés de ce que nous avons déjà vu pour vous donner une vision plus globale du travail que vous avez fait ou de ce que, éventuellement, il vous reste à faire.

Ce guide pratique doit vous permettre de vous organiser selon votre propre tempérament :

- Vous êtes naturellement désorganisé, auquel cas vous avez trouvé toutes les indications nécessaires pour structurer votre vie à l'aide de repères précis ;
- Vous êtes naturellement très organisé, et les principes généraux de cette méthode vous permettront de prendre du recul par rapport à vous-même, de lâcher prise sur un certain fonctionnement mental et de vivre d'une façon plus saine… et plus zen.

N'oubliez pas qu'un maître du temps est à la fois efficace, serein, motivé et disponible aux autres. Selon votre attitude, la façon dont vous vous servirez du temps sera une source de joie ou de frustration. « Ceux qui emploient mal leur temps, disait

Qui sont les maîtres du temps ?

Charles A. Garfield[1], un psychologue américain, a mené une étude pendant une vingtaine d'années pour tenter de comprendre ce que les « gagnants », qu'il appelle « individus à haute performance », avaient de différent par rapport aux autres. Peu importe le secteur d'activité : sportifs, artistes, scientifiques, hommes d'affaires, ils sont les meilleurs... sans toutefois être des surhommes ! Pour Garfield, ils ont en commun une manière tout à fait particulière d'aborder la vie et de planifier leurs objectifs :

- Ils accomplissent tout ce qu'ils font pour l'art, et non pour l'argent, le pouvoir ou la gloire. Ces derniers points étant pour eux de simples gratifications ;
- Ils travaillent toujours en fonction d'objectifs internes et personnels très exigeants ;
- Au lieu de chercher les responsabilités et le pouvoir, ils cherchent à résoudre les problèmes ;
- Ils prennent des risques après avoir stratégiquement examiné ce qui pouvait leur arriver de pire ;
- Ils visualisent mentalement (même si ce processus n'est pas travaillé, mais naturel) toutes leurs actions et les événements à venir ;
- Ils savent s'arrêter de travailler, prendre des vacances et gérer leur stress ;
- Ils ont une vision globale de la vie et des événements, ils ne se laissent pas submerger par les détails ;
- Ce sont des maîtres en l'art de déléguer. Ils n'ont pas besoin d'exercer un quelconque pouvoir ;
- Ils savent tirer le meilleur parti de leurs objectifs car, pour eux, toute expérience est positive.

---

1. Charles A. Garfield, *Haute performance : la clef pour réussir dans les affaires*, Lattès, 1986.

Jean de La Bruyère, sont les premiers à se plaindre de sa briè-
veté. » À vous de ne pas oublier de vivre, c'est-à-dire de considérer le temps comme un moyen, et non comme une fin en soi,
et surtout de ne jamais perdre de vue que notre société est en
pleine mutation. Que vous le vouliez ou non, vous participez à
votre manière à cette transformation…

Si vous avez travaillé un tant soit peu sérieusement, vous ne devriez avoir aucun problème pour retracer chacun de ces éléments et les faire vôtres.

Pour conclure la deuxième partie de cet ouvrage, voici, en dix points, les idées clés d'une approche zen de l'art du temps :

1. Ouvrez un cahier de notes

Si vous formulez vos buts par écrit et travaillez sur vous-même en faisant attention que vos notes soient suffisamment claires et structurées pour que vous les compreniez, vous en tirerez un bénéfice considérable.

2. Déterminez vos objectifs

N'hésitez pas à mettre par écrit vos objectifs, même si vous doutez de pouvoir y parvenir. Si vous vous fixez des objectifs qui vont à l'encontre de vos désirs authentiques, vous courez droit à l'échec. Et si vous n'atteignez pas des buts dont vous ressentez vraiment l'importance, il vous sera difficile d'accéder aux étapes suivantes.

3. Évaluez les résultats

La maîtrise du temps ne s'obtient pas par hasard, c'est un travail de longue haleine, un art qui demande une certaine technique et un certain entraînement. Tout comme la méditation : si vous voulez obtenir des résultats tangibles, elle requiert aussi une certaine technique et un sérieux entraînement. Cependant, dans l'approche zen du temps, évitez de juger vos résultats, de leur attribuer des qualificatifs trop positifs ou négatifs, ou de vous sentir coupable. Évaluez-les avec le plus de détachement possible.

4. Évaluez le temps

Évaluez le temps imparti à chacune de vos activités en vous posant ces deux questions :

a) Cette activité fait-elle partie de mes habitudes ou de la routine ?
b) Cette tâche est-elle vraiment utile ? (Pourquoi ? Pour qui ?...).

À partir du moment où vous aurez pris l'habitude de vous interroger sur chaque action avant de l'entreprendre, vous saurez évaluer instantanément le temps qu'il vous faudra pour la réaliser. Vous pourrez aussi discerner l'utile de l'inutile : cela vous donnera une attitude rationnelle qui, par la suite, pourra être secondée par un *instinct* infaillible.

5. Programmez vos journées quand il le faut

Dans le cadre des activités spécifiques liées uniquement à vos objectifs, n'hésitez pas à consacrer un peu de temps à votre agenda… car s'organiser prend du temps ! Plus vous exercerez vos talents dans ce sens, plus vous aurez de la facilité à accueillir les impondérables. Cependant, ne faites jamais de programmations artificielles, n'essayez pas de remplir votre agenda uniquement pour céder à la satisfaction d'avoir un agenda rempli ! Si vous voulez rester disponible à vous-même et aux autres, entraînez-vous à ne noter que les rendez-vous importants, ou simplement l'idée clé de la journée.

6. Fixez-vous des buts mensuels

Il est difficile de fixer des objectifs précis au-delà d'une période d'un mois, car ils deviennent trop flous pour l'esprit. Si un mois d'apprentissage de l'art zen du temps ne suffit pas pour obtenir des résultats tangibles, procédez par étapes, en n'oubliant pas que vous avez toute la vie devant vous…

7. Ne regardez pas l'heure

Même si votre montre est accrochée à votre poignet, ne vous sentez pas obligé de la regarder sans cesse sous prétexte d'être en train de travailler sur votre organisation. Notre esprit est capable d'avoir une conscience très précise de l'heure ; votre inconscient peut alors prendre le relais, ce qui vous permettra d'être efficace en tout lieu et en tout temps (voir p. 112). Il faut réapprendre la spontanéité ! Vous devez être libre de poursuivre une tâche, un entretien ou une réflexion aussi longtemps qu'il le faudra pour en tirer tout le profit possible. La flexibilité d'un horaire permet de primer la qualité sur la quantité.

8. Utilisez le temps

Le temps est une ressource, une véritable énergie sans laquelle nous n'aurions plus aucun support pour nous exprimer. « On ne peut oublier le temps qu'en s'en servant », disait Baudelaire. Vous pouvez donc le considérer comme une matière première. Pour cela, faites le lien entre ces deux principes : savoir ce que l'on veut ; savoir le temps que cela prendra. Et n'oubliez jamais de prendre du temps pour vous !

9. Cessez de vous sentir coupable

Ruminer sur l'impression de ne pas avoir le temps de faire tout ce que l'on veut faire est une pure perte d'énergie… et de temps ! À moins que la culpabilité ne soit profondément ancrée en vous, auquel cas il serait utile de vous engager dans une psychothérapie, il vous est tout à fait possible de sortir seul de cet enfermement en gardant à l'esprit les vingt raisons de ne pas se sentir coupable. Peu à peu, elles remplaceront celles qui empêchent de sentir librement le flux du temps circuler en vous.

10. Ayez conscience du moment présent

Ayez toujours à l'esprit que le moment présent est la seule ressource que vous avez à votre disposition. Si vous savez reconnaître la nature de votre temps, vous pourrez mieux en exploiter son potentiel et éviter les pièges de toutes sortes. Vivre le moment présent, c'est le vivre pleinement, non seulement avec sa tête, mais aussi avec son corps.

Vous passerez bientôt une « bonne journée », une journée humaine, sans gaspillage, conforme à vos objectifs et pleine de « moments présents ». Vous vous rendrez compte alors que, grâce à cette maîtrise du temps, vous êtes passé d'une situation de tension pénible à un état à la fois de sérénité et de grande efficacité. Cela améliorera la qualité de votre vie et celle de votre entourage. Et c'est peut-être l'un des plus beaux cadeaux que vous puissiez faire à ceux que vous aimez.

III

RALENTISSEZ

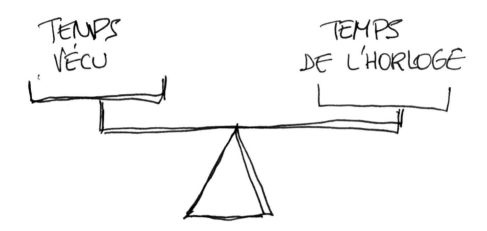

TROUVEZ LE BON TEMPO

« Il n'est pas nécessaire de penser
au passé, à l'avenir.
Pensez simplement à cet instant du milieu
qui est ici et maintenant. »
Maître Sosan

Depuis une bonne vingtaine d'années, la réponse qu'on nous donne pour combler le manque de temps, c'est d'aller encore plus vite !

Pas le temps de préparer le dîner ? Utilisez un plat minute. Plus le temps de lire ? Mettez-vous à la lecture rapide. Plus le temps de chercher l'âme sœur ? Fréquentez les soirées « fast-dating ». Plus le temps d'écrire ? Envoyez un texto. Pressé d'être en vacances ? Prenez l'autoroute. Plus le temps de vous déplacer pour effectuer vos démarches administratives ? Utilisez Internet ! En y consacrant quelques minutes, vous pourriez ainsi lister des dizaines de petits et grands gestes de la vie quotidienne qui prennent aujourd'hui dix fois moins de temps qu'il y a trente ans.

Progrès ? Oui, mais... Le problème, c'est que, tout en nous étant utile, ce progrès nous entraîne dans une spirale infernale, une fuite en avant que rien – sauf, peut-être, l'une de ces catastrophes climatiques qui se produisent de plus en plus fréquemment – semble ne pouvoir arrêter. « Le temps s'accélère », c'est bien ce que la majorité d'entre nous pense. Tout bas parce que chacun sait que, objectivement, une journée a toujours 24 heures... Mais pourquoi cette impression d'accélération?

Regardez comment un progrès technologique tel que la machine à laver, qui allège le travail domestique, a finalement complexifié nos vies. L'avènement de cet appareil ménager a, en son temps, soulagé toutes les maîtresses de maison, mais il a aussi considérablement relevé le niveau des standards vestimentaires et ceux de l'hygiène, en créant dans le même temps de nouvelles obligations. Autrefois, on lavait les vêtements lorsqu'ils étaient vraiment sales, et on avait moins de vêtements. Aujourd'hui, dans toutes les familles, c'est la « course aux habits », changés tous les jours, lavés tous les jours, à raison d'un vêtement et d'une paire de chaussures pour chaque occasion de la journée, achetés à grands frais, bien sûr, pour répondre aux critères de la mode et céder aux exigences des enfants soumis aux pressions des marques. Peu de familles échappent à cet inéluctable nouveau mal de société : le « débordement des placards »... Le résultat sur notre temps de vie? Faites un calcul simple : combien de temps par semaine vous prennent le choix et l'achat de vêtements, le lavage, le choix du bon programme et de la bonne poudre à laver, le repassage, le pliage, le rangement, la sélection du jour?

De la même façon, vous pourriez faire la liste de tous les outils modernes qui ont considérablement amélioré notre confort, mais qui, en y regardant bien, n'ont pas réellement simplifié la vie. C'est dans le domaine de la communication que l'exemple est le plus flagrant : depuis l'avènement du fax, plus récemment depuis l'apparition du courrier électronique via Internet et les SMS via les téléphones portables, la communication est devenue quasi instantanée. Mais cela a aussi, dans nos vies, augmenté considérablement la quantité de communications à gérer ! À un point tel que certains s'avouent aujourd'hui vaincus, incapables de contrôler au quotidien le flux constant de leur courrier. Et parallèlement, depuis la naissance de cette nouvelle ère de la surcommunication et de la surinformation, on n'a jamais autant souffert de solitude...

La multiplication des tâches « rapides », qui permettent d'en faire dix fois plus en dix fois moins de temps, explique donc, en bonne partie, pourquoi nous avons l'impression que le temps s'accélère. On peut aussi se demander si la surconsommation et l'accélération de la vie ne seraient pas l'un des facteurs responsables de l'augmentation endémique de la dépression : selon l'Organisation mondiale de la santé, le nombre de dépressions a atteint des records inégalés dans le monde entier, et ce nombre risque de doubler d'ici dix ans.

L'accélération de notre vie est rarement remise en question et continue d'être considérée comme l'une des clés de la société moderne : au début des années 80, l'invention du millionième de seconde a même renforcé l'idée que le temps est de plus en plus précieux ! En France, seuls quelques auteurs et une poignée de journalistes osent s'aventurer sur ce terrain, les uns pour relever les incohérences du changement heure d'été/heure d'hiver et ses méfaits pour l'organisme, les autres pour dénoncer les rythmes scolaires inadaptés à celui des enfants (sans compter la charge de plus en plus invraisemblable des devoirs à faire à la maison), ou encore pour mentionner les résultats des travaux scientifiques sur les rythmes biologiques...

Pourtant, même les Centres de médecine du travail ont pris conscience du problème et ont diffusé un document d'information éloquent, pour nous alerter sur les conséquences dramatiques sur notre santé du non-respect des rythmes biologiques. Il y est notamment expliqué que les progrès et le développement extrêmement rapides de l'informatique ont désynchronisé les rythmes qui, de l'artisanat à la révolution industrielle, conditionnaient nos comportements collectifs et fondaient notre culture. « L'ordinateur met en évidence un conflit entre deux univers temporels qui ont bien du mal à cohabiter : celui du temps séculaire, des bio-rythmes, et celui de la culture informatique. Cette opposition crée une nouvelle source de fatigue chronique, voire de dépression[1]. » À propos du télétravail, censé être la grande libération des contraintes du monde industriel, les auteurs de ce document ajoutent : « Les organisations virtuelles permettent sans contesta-tion possible de libérer l'homme des temps et des espaces contraints du travail collectif. Mais elles imposent des rythmes qui sont à l'origine de nouveaux risques pour notre psyché, ce qui nous obligera à réinventer des espaces et des temps de travail spécialisés afin de résister à la pression actuelle. »

Les premiers constats sur l'accélération de notre vie ne datent pourtant pas d'hier : ils remontent déjà à une vingtaine d'années. En 1987, l'écologiste américain Jeremy Rifkin nous avait alertés sur les effets néfastes de la course au progrès : « Plus le rythme de la vie accélérait, plus nous nous sommes éloignés du rythme biologique de la planète, rendant impossible l'expérience d'un lien profond avec notre environnement naturel. Le temps humain n'a plus aucun lien avec le rythme des marées, celui du lever et du coucher du soleil, ou celui des saisons. Au lieu de ce lien, les humains ont créé un temps artificiel ponctué par des dispositifs mécaniques et des impulsions électroniques[2]. » Trois ans plus tard, Wendell Berry, un autre écologiste, avait lui aussi posé des doutes sur l'utilité des nouvelles technologies pour l'évolution de l'être humain : « Je ne vois rien, dans le développement infor-

---

1. *Trouvez le bon rythme*, À votre santé, Médecine du travail/C.i.a.m.t., novembre 1999.
2. Jeremy Rifkin, *La Fin du travail*, La Découverte, 1996.

matique, qui nous rapproche de quoi que ce soit qui compte vraiment pour moi : la paix, la justice économique, la santé écologique, l'honnêteté politique, la stabilité de la famille et de la communauté, le bon travail[1]. »

Ce n'est que très récemment que ces idées ont commencé à prendre une ampleur planétaire, à un point tel que l'on peut aujourd'hui parler de l'émergence d'un nouveau mouvement mondial : la « révolution lente ». Un dossier complet lui a même été consacré par le *Courrier International*[2] pour le nouvel an 2005... Selon les socioanalystes, cette révolution aurait commencé en Italie au milieu des années 90 avec le mouvement *Slow Food*, apparu sur l'initiative d'une association écologiste en réaction contre l'empire et l'emprise McDo... Manger bio, lentement, des produits du terroir et une cuisine simple mais de qualité, telle est aujourd'hui la devise de quelques centaines de milliers de pratiquants d'une vie saine et calme. Car il est vrai que la qualité – en cuisine ou dans tout autre domaine – demande du temps.

En Italie, toujours, mais aussi au Brésil et au Japon (oui, au pays de la vitesse !), le mouvement *Cittàslow* (cité lente) a rallié plus d'une centaine de municipalités qui ont mis en œuvre des mesures pour réduire le bruit et la circulation, préserver la qualité de vie et un environnement sain, valoriser la gastronomie locale... En Autriche, la Société pour la décélération du temps tient chaque année une assemblée pour faire le point sur « une façon de vivre plus respectueuse », fondée sur la possibilité de chacun de résister à la vitesse. Aux États-Unis, des milliers de militants pour une vie moins stressante participent à la journée

---

1. Wendell Berry, *What are People for ?*, Farrar, Strauss & Giroux, 1990.
2. « Ralentissez ! », *Le Courrier International*, n° 738-739, semaine du 23 décembre 2004 au 5 janvier 2005.

d'action annuelle *Take Back Your Time*, en assistant aux séminaires consacrés aux méfaits du surmenage... En Norvège, le sociologue Thomas Hylland Eriksen rencontre un franc succès avec un livre sur la tyrannie du temps[1], tandis que le journaliste canadien Carl Honoré est devenu, en 2004, l'heureux auteur d'un best-seller traduit en douze langues sur l'éloge de la lenteur[2]... On commence ainsi à dénombrer par dizaines les exemples de sociétés, d'entreprises, d'organisations, d'associations, et même de grandes villes comme Osaka, au Japon, où patrons et employés commencent à lever le pied pour s'adonner aux grands principes du mouvement de la *Slow-Life*...

Bien sûr, il ne s'agit pas de rejeter en bloc et sans discernement les outils modernes, les nouvelles technologies, l'informatique, ni même les téléphones portables. Il s'agit avant tout de *prendre conscience* des causes réelles de ce sentiment étouffant d'accélération et de notre « manque de temps » chronique, ainsi que de l'origine de certains facteurs de stress ou de notre culpabilité face au temps.

---

1. Thomas Hylland Eriksen, *Tyranny of the Moment. Fast and Slow Time in the Information Age*, Pluto Press, Londres, 2001.
2. Carl Honoré, *In Praise of Slow*, Orion Books, Londres, 2004.

⏱ LES RYTHMES PLANÉTAIRES ET BIOLOGIQUES

Pour prendre conscience des facteurs rythmiques qui nous influencent et des rythmes que nous produisons nous-mêmes, voici un petit exercice facile qui ne vous prendra que quelques minutes :

Sur une feuille de papier, faites la liste de tous les rythmes que vous connaissez en les classant selon un ordre précis :

- Rythmes *biologiques*
- Rythmes *de l'existence*
- Rythmes *cosmiques*

Voici un exemple de ce que vous pourriez obtenir :

RYTHMES BIOLOGIQUES

Respiration
Battements du cœur
Pression artérielle
Cycles menstruels
Sommeil
Marche
Langage
Activité cérébrale…

RYTHMES DE L'EXISTENCE

Naissance/Mort
Les âges de la vie
Activité sexuelle
Sommeil/Éveil
Nutrition
Travail/Loisirs…

RYTHMES COSMIQUES

Jour/Nuit (Soleil/Lune)
Saisons
Température
Planètes
Marées
Heures/Minutes/Secondes
Mois…

Dans cette liste, que vous pouvez enrichir avec une quantité d'autres éléments, vous pourrez retrouver les principaux éléments rythmiques qui encadrent toute notre vie. Toutefois, en observant plus attentivement cette répartition, vous pouvez remarquer qu'il n'est pas si facile de classer chaque élément sans le mettre immédiatement en rapport avec un autre. Par exemple : respiration/battements du cœur/activité cérébrale sont dépendants de sommeil/éveil, cycle lui-même dépendant de jour/nuit (Soleil/Lune) et des saisons…

De plus, la différence entre les rythmes « biologiques » et les « grands rythmes de la vie » est subjective… C'est plutôt la durée qui peut déterminer le classement. Vous pouvez enfin essayer d'établir les rapports de dépendance ou les connexions entre chacun de ces éléments, et vous constaterez qu'il est parfois difficile de les différencier.

Cette complexité est due au fait que, depuis la plus petite cellule jusqu'à l'ensemble de l'Univers, tout est rythme… Ou tout est « musique », si on préfère, c'est-à-dire vibrations et pulsations. Cette musique même qui naît avec la vie, puisque tous les peuples primitifs font de la musique et dansent instinctivement, alors que tous ne font pas de la peinture ou de la sculpture. À la naissance, notre cœur bat et nous respirons, tout comme le cosmos bat et respire. C'est cette musique originelle, ce rythme intérieur, dont nous n'avons malheureusement plus conscience. Pourtant, il n'a pas seulement présidé à la naissance de l'être humain, mais à celle de l'Univers tout entier.

On peut dire que tout a commencé il y a plus de quinze milliards d'années : dans le plus grand cri jamais entendu, le Big Bang est devenu rythme, puis harmonies et mélodies pour créer galaxies, étoiles, planètes et, finalement, la vie. C'est pourquoi les Védas de l'Inde, considérés comme les textes les plus anciens connus sur Terre, disent que l'Univers naquit de l'agencement des sons… Pour l'Égypte ancienne, la Terre a émergé d'un océan d'énergie, le *Noum*, dans lequel s'est produite la première vibration, la première note de musique… Quant à saint Jean, il a écrit : « Au commencement était le verbe », une autre façon de traduire cette naissance rythmique et musicale du cosmos que l'on retrouve dans tant de traditions…

禅

Le petit exercice et cette rapide digression musicale peuvent vous permettre de prendre conscience que le temps est intimement lié au rythme, et qu'il est difficile de considérer les rythmes biologiques, personnels, sociaux, universels ou cosmiques comme des éléments indépendants.

Une complexité qui se retrouve en premier lieu dans la différence de longévité chez les animaux à sang chaud, dont nous faisons partie. Il s'agit en effet du premier rythme, de la pulsation de base qui guide toute notre existence et par laquelle notre temps intérieur va se profiler sur notre mort.

La musaraigne, par exemple, passe l'année de sa courte vie à s'agiter : son cœur bat très vite et elle ne cesse de respirer. De son côté, la baleine bleue hante majestueusement les océans pendant des dizaines d'années, animée par les plus lents battements de cœur de tous les mammifères. Pourtant, l'une comme l'autre vivent aussi longtemps. Disons plutôt que chacune vit, à son propre rythme, la même longueur de temps. Des études menées par des physiologistes américains sur des mammifères montrent que le rapport entre le rythme cardiaque et celui de la respiration est le même pour tous. Plus on est petit, plus la vie s'accélère. Il en est de même pour la durée de vie : ceux qui respirent lentement vivent plus longtemps. En faisant le compte, toutes les espèces respirent le même nombre de fois au cours de leur existence (environ 200 millions de fois) et ont quatre fois plus de battements cardiaques (environ 800 millions). Proportionnellement parlant, la longueur du temps physiologique est donc commune chez les mammifères. Quant au temps subjectif, il est bien sûr impossible de deviner ce que peut représenter une heure pour une baleine ou une musaraigne ! La relativité de la perception du temps est l'une des choses les plus complexes qui soient. Elle est exprimée prosaïquement par les bouddhistes tibétains, pour qui le battement d'un cil de Bouddha dure le temps d'une vie d'homme.

Quant à nous, les mammifères supérieurs, sommes-nous régis par cette règle ? Non : nous vivons trois fois plus longtemps que les animaux de notre taille, tout en respirant trois fois plus ! Cette anomalie de notre espèce doit son origine à une astuce évolutive : un développement très lent nous permet de conserver, à l'âge adulte, des caractéristiques qui s'apparentent à celle de la jeunesse de nos supposés ancêtres primates. Cela signifie donc que les phases de notre évolution sont inscrites dans nos chromosomes, et que l'empreinte du temps se révèle dans nos molécules d'ADN qui gardent fidèlement les traces de tous les événements historiques de notre évolution. Notre patrimoine génétique signifie donc permanence et pérennité. Pourtant, chaque être vivant n'est qu'une création transitoire, une étape obligée entre ce qui fut et ce qui sera...

⏱ LA CHRONOBIOLOGIE

Devant la complexité des problèmes rythmiques dont nous sommes porteurs et ceux qui conduisent notre vie, des chercheurs ont tenté de comprendre comment fonctionne notre horloge interne et de connaître les mécanismes des curieuses facultés d'adaptation de l'être humain. Pour résoudre ce problème, il n'y avait qu'un seul moyen : plonger un être humain hors du temps. En 1962, étant donné que notre technologie ne permettait pas d'arrêter le temps, Michel Siffre a vécu deux mois dans le gouffre de Scarasson, à 110 mètres au-dessous de la surface. Cette première expédition devait révéler qu'en l'absence de toute stimulation extérieure (jour, nuit, saisons, etc.) tout se passe comme si notre organisme était soumis aux pulsations alternées d'une horloge interne.

Une dizaine d'années plus tard, une nouvelle discipline scientifique a vu le jour, la chronobiologie. Elle se définit comme « l'étude de la structure temporelle des organismes et de ses altérations ». Pourtant, depuis la plus haute Antiquité, l'existence de phénomènes « biopériodiques » a fait l'objet de rapports et de descriptions très détaillés qui expliquaient que les innombrables manifestations rythmiques de l'homme ne sont pas constantes, mais suivent des cycles. En effet, on peut observer que, pour un même processus physiologique, les temps d'activité faible alternent avec des temps d'activité élevée. La plupart de ces variations alternées se manifestent régulièrement, si bien qu'il est légitime d'employer à leur sujet les expressions de « rythmes biologiques » ou de « phénomènes biopériodiques ».

La chronobiologie a donc pour rôle d'étudier les rythmes du vivant, ses *tempi* et ses fausses notes, pour apporter des réponses mieux adaptées à notre santé. Ces études ont démontré que notre horloge interne n'est, en fait, pas unique, mais est divisée en plusieurs mécanismes – on pourrait même dire plusieurs horloges –, dont certains ont été identifiés chez les mammifères et situés, pour la plupart, dans le cerveau.

Parmi les cycles étudiés, le plus évident est le cycle circadien de 24 heures, c'est-à-dire l'alternance veille/sommeil et la température corporelle. Il correspond au temps mis par la terre pour faire un tour sur elle-même. Les cycles circannuels (un an) correspondent au temps mis par la Terre pour faire un tour complet du Soleil. Hasard ? Non. Il s'agit encore une fois d'adaptation. Celle-ci s'est opérée dans le cadre des phénomènes cosmiques majeurs. D'où la difficulté d'analyser les rythmes indépendamment les uns des autres. Bien sûr, il ne s'agit que d'une hypothèse, mais il est aujourd'hui certain que les rythmes biologiques permettent une adaptation souple de l'organisme aux modifications de son environnement. Les horloges internes de notre corps sont réglées pour permettre un rendement efficace pendant la journée et un sommeil réparateur pendant la nuit... Ce que chacun sait et qui ressort de la plus pure logique. Or, environ 20 % des Français actifs travaillent la nuit : ouvriers, infirmières, postiers, boulangers, chauffeurs de taxi, artistes, journalistes, etc. La désynchronisation de leurs rythmes biologiques entraîne des problèmes digestifs, des troubles du sommeil ou de l'humeur. Certaines personnes supportent pendant des années le travail de nuit puis, du jour au lendemain, l'effort devient insurmontable : tous les rythmes s'enchevêtrent dans l'anarchie la plus totale et ne parviennent plus à se resynchroniser.

La chronobiologie[1] tente aussi de trouver des solutions aux problèmes posés à notre organisme par la vie moderne. Et c'est loin d'être simple ! Face à un temps social qui respecte peu le temps de notre organisme, nos horloges biologiques ont du mal à suivre... Comme il n'existe pas de médicament qui permette de rétablir leur bon fonctionnement (sauf la mélatonine qui semble avoir un certain effet chez certaines personnes), et que les horaires des repas jouent un rôle minime, les solutions ne peuvent être qu'individuelles !

Pour nous aider à réguler nos horloges biologiques, les spécialistes préconisent les trois conseils de base que vous trouverez en page suivante...

---

1. Pour en savoir plus, vous pouvez lire l'excellent livre d'Alain Reinberg, *Le Temps humain et les rythmes biologiques*, Éditions du Rocher, 1997.

Marchez

Marchez en plein air le plus souvent possible. Laissez votre voiture au parking ou au garage pour pratiquer cet exercice très simple, à la portée de tout le monde. D'une manière générale, l'activité physique permet de réguler le stress, et par conséquent le stress dû aux contraintes ou aux décalages des horaires. La marche est d'ailleurs l'un des exercices les plus zen que l'on connaisse…

Prenez le soleil

Marcher au soleil est également ce que l'on a trouvé de mieux pour traiter le décalage horaire après un voyage en avion. Les rayons du soleil agissent sur les rythmes internes et permettent de maintenir leur synchronisation. Profitez du soleil aussi souvent que vous le pouvez, même en restant assis sur un banc de jardin public. Mais surtout, gardez les yeux ouverts !

Faites des pauses en hiver

En hiver, la nature se repose… Si votre activité professionnelle le permet, essayez de couper la saison hivernale par de vraies vacances, ou de profiter de vrais week-ends de détente (les fêtes de Noël et de nouvel an ne sont pas comptées comme du repos…).

Conte d'aujourd'hui

« Bonjour, dit le petit prince.

— Bonjour, dit le marchand?

C'était un marchand de pilules perfectionnées qui apaisent la soif? On en avale une par semaine et l'on n'éprouve plus le besoin de boire.

— Pourquoi vends-tu ça? Dit le petit prince?

— C'est une grosse économie de temps, dit le marchand. Les experts ont fait des calculs. On épargne cinquante-trois minutes par semaine.

— Et que fait-on de ce cinquante-trois minutes?

— On en fait ce qu'on veut…

Moi, se dit le petit prince, si j'avais cinquante-trois minutes à dépenser, je marcherais tout doucement vers une fontaine… »

Antoine de Saint-Exupéry, *Le Petit Prince*

Pour apprendre à caler vos activités sur vos rythmes biologiques, voici une « journée idéale[1] » qui peut vous donner quelques repères horaires parmi les plus importants.

7 h 00 : le réveil
La température corporelle est entre 36,8 °C et 37 °C, les taux d'oxygène et de sucre dans le sang sont suffisants pour commencer une bonne journée. Prenez une douche chaude pour dynamiser la température de l'organisme. Après quoi vous pouvez consacrer dix minutes à la méditation…

7 h 30 : le petit déjeuner
C'est l'heure d'un pic hormonal, notamment celui du cortisol, qui favorise la fabrication de glucose, pour aider à restaurer les carences du jeûne nocturne. Bannissez définitivement les petits déjeuners pris à la va-vite pour consacrer une petite demi-heure à ce premier repas.

8 h 00 : une petite marche
Comme le taux de sucre dans le sang n'est pas encore assez élevé, c'est l'heure idéale pour faire un peu de sport. Mais une petite marche peut suffire… Surtout s'il fait beau : à cette heure-là, l'action des rayons du soleil sur notre peau permet de recaler nos horloges biologiques.

9 h 30 : le travail
Le taux de sucre est à son maximum, la température du corps augmente. Vous pouvez vous mettre au travail, mais de préférence aux tâches qui demandent moins de concentration, comme la recherche de documentation, les réunions « libres »… Attention : si vous n'avez pas pris un petit déjeuner suffisant, vous risquez le « coup de pompe » bien connu de 11 heures. Auquel cas, faites une pause pour prendre une petite collation.

12 h 30 : le déjeuner
Comme le corps a brûlé son stock de calories, c'est une période d'hypoglycémie. Privilégiez des menus simples, sans matières grasses.

---

1. Adaptée d'après Marc Schwob, *Être au top à chaque heure*, Hachette, 1998.

14 h 00 : la sieste
Dans le sang, le taux d'hormone du stress chute pendant environ une heure. C'est pourquoi beaucoup de personnes s'adonnent à cette « occupation » bénéfique, voire indispensable, pour notre organisme. Une sieste de vingt ou trente minutes est suffisante. Plus vous avancez en âge, plus vous ressentirez le besoin d'allonger la durée de vos siestes, et il n'y a rien de plus naturel.

14 h 30 : le travail
Réactivé par le repos, notre cerveau est au meilleur de sa forme. Profitez-en pour effectuer les tâches qui demandent le plus de concentration, de créativité, de raisonnement, de mémoire. C'est également entre 14 et 17 heures que les performances sportives sont meilleures.

16 h 00 : la pause
Notre organisme a besoin de glucides et de lipides, dans des quantités raisonnables. Entre 16 et 17 heures, vos pouvez donc vous accorder un goûter léger, pendant une véritable pause de vingt minutes.

17 h 00 : le 5 à 7 !
C'est, curieusement, entre 16 et 19 heures que, chez les hommes, la température du corps est à son maximum, que le système limbique est stimulé par la sérotonine… Le rythme respiratoire et la pression artérielle sont à leur maximum vers 16 heures ; les battements cardiaques les plus rapides de la journée vers 17 heures. Vous pouvez donc vous livrer à l'activité que vous désirez, mais sachez aussi que la capacité à mémoriser est plus importante vers 18 heures.

19 h 00 : la soirée
Pour certains, c'est une nouvelle journée qui commence. Dînez plutôt vers 19 heures que vers 21 heures, en évitant les graisses cuites, que l'estomac dégrade mal le soir, ainsi que les sucres rapides.

22 h 00 : le coucher
C'est lorsque la température du corps baisse – c'est-à-dire entre 20 heures et 23 heures – qu'il faudrait normalement se coucher ! Cela permet de s'endormir plus facilement et de passer une nuit réparatrice. Et n'oubliez jamais que les capacités intellectuelles, comme l'attention, la vigilance, la mémorisation, sont au plus bas entre 3 et 5 heures du matin…

Conte chinois

Quelque part en Chine, dans un petit village, il n'avait pas plu depuis plusieurs semaines, et les cultivateurs étaient consternés par la situation. On envoya alors chercher un faiseur de pluie. À son arrivée, le vieil homme se rendit directement dans une maison que l'on avait mise à sa disposition, et il demeura là sans procéder à aucune cérémonie, jusqu'à ce que la pluie tombe. Les villageois lui demandèrent comment il avait réussit un tel exploit. Le vieil homme expliqua que la causalité n'avait rien à y voir. En arrivant dans le village, le sorcier avait ressenti un fort état de disharmonie et avait comprit que les processus normaux de la nature ne pouvaient opérer selon leur propre dessein. Le vieil homme fut lui-même affecté par cette disharmonie et il se retira dans sa hutte pour ramener l'ordre en lui-même. Quand son harmonie interne fut restaurée et l'équilibre rétabli, alors la pluie tomba, comme il lui est naturel de le faire.

⏱ LA CHRONOPHARMACOLOGIE

L'une des applications les plus directes de la chronobiologie est l'art d'utiliser les médicaments au bon moment. C'est en 1977 que Franz Halberg, un pionnier de la chronobiologie, remarque qu'une substance cancérigène provoque des tumeurs chez les hamsters deux fois sur trois si elle est administrée de jour, tandis qu'elle ne déclenche rien si elle est administrée la nuit. Ainsi, il en a déduit qu'une même dose d'un produit toxique peut être mortelle à certaines heures et pas à d'autres. Cette observation a donné naissance à une science qui s'est affinée de plus en plus : la chronopharmacologie. Elle se traduit en particulier par l'essor des médicaments-retard et des micro-granules à dissolution progressive. Cette science explique, notamment, la variation liée au temps de disponibilité des médicaments dans le sang et dans les liquides qui irriguent les cellules.

Quelques exemples : à 16 heures, un dentiste a besoin de deux fois moins de produit anesthésique local qu'à 10 heures. Certains anti-inflammatoires (non stéroïdiens, utilisés pour le traitement des rhumatismes et des entorses) sont mieux supportés à 19 heures que le matin. Les asthmatiques peuvent désormais consommer leur théophylline non plus trois fois par jour, mais en une seule prise à 20 heures (parce qu'on a découvert que les bronches diminuent de volume vers minuit et qu'il est possible d'anticiper la crise en prenant le médicament quelques heures plus tôt). Au laboratoire de chronobiologie de la Fondation Rothschild, on a découvert que le système immunitaire des souris fonctionne plus efficacement entre avril et juin, alors qu'en janvier et février cette faculté tombe au plus bas. Encore une coïncidence ? Non, tout le monde sait qu'en hiver il y a beaucoup plus de maladies, de décès, d'accidents de toutes sortes, et que la dépression saisonnière survient. Les médecins expliquent ce phénomène par la difficulté d'adaptation à la diminution de la durée du jour. Ce qui prouve que le corps humain, que l'on suppose avoir de fantastiques facultés d'adaptation, a malgré tout ses limites.

Cependant, le secteur le plus prometteur de la chronopharmacologie concerne les chimiothérapies anticancéreuses : dans ces traitements, la marge est très étroite entre la dose active contre la tumeur et celle qui peut être dangereuse pour le malade. Les centres anticancéreux sont donc de plus en plus nombreux à posséder leurs unités de chronobiologie.

⏱ LES BIORYTHMES

Au début du siècle, en partant du principe que le rythme est l'une des lois fondamentales de la vie, deux médecins qui ne se connaissaient pourtant pas, Hermann Swoboda, un Autrichien, et Wilhelm Fliess, un Allemand, ont fait chacun de leur côté des recherches pour tenter de mettre en évidence les cycles naturels de la vie. Ils ont découvert que le comportement physique de l'homme suivait un cycle de vingt-trois jours, et le comportement émotionnel un cycle de vingt-huit jours. Ils ont élaboré leur théorie en adoptant une méthode statistique fondée sur l'observation de leurs patients : les poussées de fièvre, les contagions ou les crises de douleur correspondaient à des cycles qui se renouvelaient avec une étonnante précision mathématique.

Un peu plus tard, un professeur autrichien, Alfred Telsher, a observé ses étudiants et a mis en évidence un troisième cycle : selon les résultats scolaires de ses élèves, les fluctuations des facultés intellectuelles suivaient un rythme de trente-trois jours. D'autres chercheurs, notamment américains, n'ont pas tardé à généraliser ces études et ont inventé une sorte de nouvel art de la prédiction : la biorythmie.

Selon cette méthode, trois cycles importants dirigent les diverses fluctuations de notre existence : le cycle physique (23 jours), le cycle émotionnel (28 jours), le cycle intellectuel (33 jours), la naissance étant considérée comme leur point de départ. Chaque cycle a une durée déterminée qui est divisée en deux phases égales :

- Phase positive : c'est au cours de cette phase que nous avons le plus d'énergie, et cela correspond à une période de très grande vitalité ;
- Phase négative : pendant cette période, l'organisme se recharge en énergie. C'est une période de récupération et de repos.

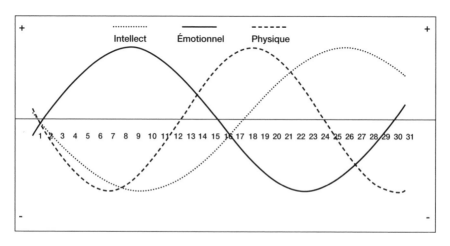

Exemple de biorythme

À en croire les statistiques, les biorythmes sont fiables, et les résultats plutôt convaincants, même si l'existence de ces cycles de vingt-trois, vingt-huit et trente-trois jours est difficile à démontrer scientifiquement et qu'aucune explication satisfaisante n'a été apportée jusqu'à présent. Ce qui n'empêche pas que cette technique semble bien fonctionner, et elle a acquis ses lettres de noblesse au cours des années 80, essentiellement à l'étranger dans des domaines aussi différents que le sport, la sexologie, la médecine ou la construction.

C'est aux États-Unis, au Japon et en Allemagne qu'elle a été le plus utilisée. Par exemple, en médecine, pour déterminer le jour où une intervention chirurgicale ou une extraction dentaire peuvent être réalisées dans les meilleures conditions. Dans les pays germaniques et aux États-Unis, on tenait compte des biorythmes des sportifs pour calculer les périodes d'entraînement et les sélectionner pour les compétitions. On a aussi observé que les accidents de voiture se produisaient plus fréquemment lors d'un jour critique du conducteur. Aussi, certains chauffeurs de taxi japonais affichent encore aujourd'hui leur biorythme dans leur voiture afin d'être plus vigilants! Il en est de même pour certaines entreprises où les risques d'accidents de travail sont élevés, comme la construction en bâtiment. Ces sociétés calculent les courbes biorythmiques de leurs ouvriers pour leur éviter de travailler pendant les phases négatives. C'est ainsi que, pour construire l'immense tour Montparnasse de Paris, l'organisation des équipes de travail avait été calculée en fonction des biorythmes de chaque employé, ce qui a réduit de 80 % la probabilité d'accidents. Et on pourrait donner des centaines d'exemples du même genre.

Cependant, la mode du biorythme, qui a connu son apogée au milieu des années 80, n'a pas vraiment résisté au temps, et ces étranges schémas ne sont aujourd'hui guère consultés que par les particuliers attentifs à leurs rythmes biologiques. La raison principale est que calculer et tracer ses courbes est un processus long et fastidieux. Mais depuis peu, ce problème a été résolu : sur Internet, il existe des dizaines de sites qui proposent les calculs et les courbes biorythmiques gratuitement, ou d'autres sites qui, pour quelques euros, proposent de petits logiciels faciles à manipuler[1].

---

1. Il suffit de taper « biorythmes » sur un moteur de recherche, tel que www.google.fr, et de faire son choix dans la liste des sites qui sont proposés.

Cependant, il vous faudra vous référer à des ouvrages spécialisés pour apprendre à décoder, interpréter et utiliser correctement les graphiques[1].

Cette méthode peut vous permettre non seulement de connaître à l'avance vos « bons » et « mauvais » jours et d'utiliser ces informations afin d'éviter de commettre des erreurs de base, mais aussi de planifier les moments importants de votre vie et mettre toutes les chances de votre côté : jours de repos, rendez-vous, réunions importantes, épreuves sportives ou intellectuelles. Mais c'est aussi une autre manière de prêter attention à soi-même, de s'occuper de soi, de prendre conscience au jour le jour de sa forme et de tenir compte des rythmes naturels.

---

1. Par exemple, Patrick Debarbieux, *ABC des biorythmes*, Jacques Grancher, 1999.

⏱ LE TEMPS DE VIVRE

Objectivement, si vous observez la façon dont nous vivons, nous fonctionnons à l'inverse de la nature. En automne, alors que la terre, les animaux et les végétaux ralentissent leur activité pour s'endormir pendant l'hiver, nous commençons une nouvelle année scolaire en redoublant d'activité. Après le printemps, lorsque la nature éclate de vie, c'est le moment que l'on choisit pour prendre de grandes vacances et se reposer... Le temps biologique, qui donne la mesure des cycles de la vie, n'a donc aucune valeur dans l'économie politique de notre société.

Il en va de même pour les horaires fixes de bureau et ceux de l'école, qui ne tiennent pas compte des heures de lever et de coucher du soleil. Avec, en plus, une règle sociale à laquelle nous ne pouvons pas échapper : le changement heure d'été/heure d'hiver. Depuis 1976, pour des raisons économiques, nous devons avancer d'une heure nos montres entre début avril et fin septembre, ce qui porte à deux heures le décalage entre l'heure solaire et l'heure légale. D'où, surtout lors du passage à l'heure d'été, des problèmes d'adaptation, avec des effets sur la santé, surtout chez les enfants et les personnes âgées.

Quant aux fêtes et jours fériés, ils sont placés anarchiquement sur un calendrier à la fois religieux et démocratique, avec la bousculade que l'on sait pendant le mois de mai. Étatisées, les fêtes ont perdu leur sens sacré et ne rythment rien d'autre que, encore une fois, la vie économique.

Collectivement, il n'existe aucune solution pour résoudre d'un seul coup le décalage entre les rythmes sociaux (menés par le rythme économique) et les rythmes biologiques. Individuellement, il en ressort uniquement du choix de vie personnel et professionnel. Certains l'ont compris et, ces dernières années, on a vu se multiplier les témoignages de « ceux qui ont changé de vie » : citadins partis en famille vivre à la campagne, cadres devenus artisans, comptables devenus thérapeutes, ingénieurs devenus artistes, journalistes devenus jardiniers… Leur point commun : ils ont décidé de ralentir leur rythme de vie et de remonter le niveau de qualité de leur existence.

Preuve en est, une nouvelle tendance, plus étonnante encore, qui se dégage depuis la fin de l'année 2000 dans le monde du travail : les cadres de 35-45 ans qui refusent des salaires en or et la progression hiérarchique ! Selon une enquête menée par un magazine de business[1], de plus en plus de jeunes responsables déclinent des offres professionnelles qui feraient rêver n'importe quel salarié, parce qu'ils veulent préserver leur vie personnelle et préfèrent avoir un travail intéressant qui participe à un équilibre général de leur vie : « Les 35-45 ans ont vu les dégâts autour d'eux des papas "polars" au boulot, qui ont divorcé, se sont fait virer… » Pour eux aussi, fini la vitesse à tout prix.

L'objet de ce livre n'est pas de vous expliquer comment changer de vie, mais de vous faire prendre conscience que les clés du bien-être sont accessibles à tous. Encore faut-il s'en accorder les moyens ! Comment ? En posant des gestes significatifs. Stéphane s'est débarrassé de son répondeur pour éviter de passer des heures à rappeler tout le monde… Anne-Sophie a décidé de ne plus faire qu'une chose à la fois : elle ne pratique plus le

---

1. *Newzy*, n° 7, « J'ai refusé un poste en or… », septembre-octobre 2004.

jogging avec un baladeur sur les oreilles, ne répond plus au téléphone quand elle mange, ne mange plus en regardant la télé… André a revendu sa voiture, prend les transports en commun et marche une heure par jour… Alexandre a mis son magnétoscope au grenier pour ne plus enregistrer des heures de films qu'il n'a de toute façon jamais le temps de regarder en entier…

Ralentir votre rythme de vie pour trouver le bon tempo, c'est faire des choix fondés sur votre rythme intérieur, sur vos besoins réels, sur les lois de la nature, sur le sens que vous donnez à votre vie. Mais, peut-être, pourriez-vous commencer par ne pas accélérer davantage ?

22 ATTITUDES ZEN POUR APPRENDRE À RALENTIR

1
Restez au lit!

Deux ou trois minutes suffisent... Tout en gardant les yeux fermés, revenez à vous-même en respirant profondément et calmement, frottez doucement votre visage, caressez les draps, palpez l'oreiller, étirez-vous. Prenez le temps de vous réveiller! Il ne s'agit pas de faire une grasse matinée, mais d'attendre un peu... Cela vous permettra de reprendre contact avec votre corps, de prendre conscience de votre environnement, de laisser vos songes se dissiper ou, au contraire, d'y réfléchir. N'ouvrez les yeux que lorsque vous vous sentez vraiment prêt à vous lever. Si vous estimez ne pas avoir le temps, avancez l'alarme de votre réveil de trois minutes. Ou mieux : le soir, avant de vous endormir, programmez-vous pour vous réveiller cinq minutes avant que la sonnerie ne retentisse.

Le réveil est en fait le premier véritable moment que l'on peut passer avec soi-même. Ce n'est ni « ne rien faire » ni du « temps perdu » : très rapidement, vous allez remarquer que toutes les journées qui ont commencé par ces trois minutes d'attente ont une tout autre couleur que celles qui ont démarré sur les chapeaux de roue. Évitez donc, le plus souvent possible, de sauter hors du lit jusqu'à ce que cela devienne une – bonne ! – habitude.

2
Prenez un bon bain

Bien sûr, le matin, une douche est plus pratique, plus rapide, et bonne pour la circulation sanguine. Pourtant, prendre un vrai bain bien chaud est un art qui procure une détente incomparable et peut véritablement vous revigorer pour la journée. Si cela vous semble impossible, réservez une heure par semaine pour un « bain du matin », qui n'aura pas le même effet qu'un « bain du soir ».

Évitez la kyrielle de produits pour bains industriels, et surtout ceux des marques de cosmétiques de luxe, qui ne sont pas forcément « meilleurs » pour la santé, mais atteignent parfois des prix aussi exorbitants qu'inutiles. Faites votre propre cérémonial, pour vous concentrer et prendre conscience du moment présent, en jetant quatre ou cinq grosses poignées de gros sel – qui a un pouvoir décontractant extraordinaire sur les muscles. Les personnes qui ont mal au dos verront immédiatement la différence. Ajoutez, si vous le voulez, quelques gouttes d'huiles essentielles naturelles (par exemple romarin, mandarine, pin, citron), mélangées à une petite cuillère d'huile d'olive. Tamisez la lumière, fermez bien la porte pour rester avec vous-même, mettez un peu de musique si vous le désirez, et laissez-vous aller au minimum pendant une demi-heure.

3
Oubliez votre montre

Libérez-vous d'une entrave : votre montre ! Ce petit objet utili-taire, de luxe parfois, est devenu un des grands symboles de notre société. Dans les années 80 et 90, ne pas porter de montre au travail était presque aussi décalé que ne pas porter de chaus-sures... Le bracelet-montre, à moins qu'il ne soit considéré comme un bijou avant tout, nous lie trop au temps du travail. Et il sert généralement non à lire l'heure mais à calculer le temps qu'il nous reste !

Il est possible de vivre sans. Surtout aujourd'hui : il suffit de regarder le cadran du téléphone portable, ce que de plus en plus de gens ont déjà compris. L'absence d'aiguilles a même un avan-tage : elle nous oblige à vraiment lire l'heure, ce qui donne une perspective plus large sur le temps qu'un simple coup d'œil sur un restant de temps...

Un matin, oubliez délibérément votre montre. Vous allez cer-tainement ressentir un moment de panique, comme si vous vous lanciez dans la jungle sans boussole ni matériel de survie ! Dans la rue, s'il le faut, demandez l'heure ou regardez votre portable. Au bureau, retrouvez l'emplacement des pendules, regardez l'écran de votre ordinateur. Chez vous, allez regarder la pendule du salon ou de la cuisine si besoin est. Il y a mille moyens de connaître l'heure sans porter de montre. Mais surtout, apprenez à retrouver la notion du temps qui passe – même s'il faut parfois l'oublier pour ne plus le voir passer.

La notion du temps est une fonction naturelle de notre cer-veau, qui a été scientifiquement mise en évidence ces dernières années : grâce à l'IRM (imagerie par résonance magnétique), des

chercheurs ont réussi à reconstituer la séquence des régions céré-
brales qui nous permettent d'évaluer le temps. En résumé, c'est le
striatum, situé au centre du cerveau, qui joue le rôle d'« horloge
interne », tandis que le cortex pariétal droit (impliqué dans tous
les processus d'attention) définit les durées en utilisant le signal
temporel émis par le striatum[1]. La notion du temps qui passe
n'est donc pas une vue de l'esprit... Utilisez vos ressources naturelles pour oublier votre montre de temps en temps, et vivre un
peu plus libre !

1. Stephen Rao, Andrew Mayer et Deborah Harrington, du Medical College of
Wisconsin. In *Nature neurosciences*, mars 2001.

4
Faites une petite marche

Vous vous sentez oppressé, tiraillé entre mille idées dans lesquelles vous ne savez plus faire le tri… Prenez une vingtaine de minutes pour faire une bonne marche, où que vous soyez – y compris si vous n'avez que le choix du tour du pâté de maisons ! Marchez d'un pas assuré, ni trop rapide ni trop lent. Pendant deux à trois minutes, concentrez-vous d'abord sur votre respiration : respirez lentement et le plus profondément possible, en détendant votre diaphragme. Cette partie « physique », notamment la respiration, vous permettra de libérer certaines tensions intérieures. Ensuite, tout en vous promenant, regardez attentivement autour de vous les détails de votre environnement, comme si vous découvriez ce quartier pour la première fois – ou comme si vous visitiez un musée… Peu à peu, vous sentirez le calme vous envahir.

La marche est l'exercice physique le plus naturel et le plus « zen » que l'on connaisse. Vous pensez peut-être, à tort, que c'est un exercice peu important. Pourtant, c'est un véritable sport, à la portée de tous, recommandé aux cardiaques, aux diabétiques et aux artéritiques, qui demande un minimum d'effort tout en brûlant beaucoup d'énergie : il met tout le corps en mouvement (plus de la moitié des muscles de notre corps sont conçus pour la marche). Elle met aussi en œuvre deux mécanismes physiologiques qui stimulent la circulation sanguine : en se contractant, les muscles du mollet jouent le rôle d'une pompe qui fait remonter le sang vers le cœur ; la voûte plantaire agit comme une éponge qui, à chaque pas, pousse le sang vers le cœur. Voilà pourquoi la marche réduit la fatigue, libère le stress et les tensions, donne de l'énergie et repose l'esprit… Conclusion : laissez votre voiture tranquille le plus souvent possible !

5
Écoutez votre temps intérieur

Petit exercice simple : asseyez-vous tranquillement sur une chaise confortable, face à une pendule ou un réveil. Pas besoin de vous relaxer, de méditer ou de vous livrer à un quelconque effort physique, mais tâchez de garder quand même le dos droit. Regardez l'heure et fermez les yeux. Gardez-les fermés pendant cinq minutes. Pensez simplement au moment présent, prenez conscience de ce « ici et maintenant » qui n'appartient qu'à vous tout en respirant calmement. Lorsque vous estimez que les cinq minutes se sont écoulées, ouvrez les yeux, regardez l'heure.

Si vous avez gardé les yeux fermés pendant moins de quatre minutes et demie, votre rythme personnel est plus rapide que celui de l'horloge. Si vous avez ouvert les yeux au-delà de cinq minutes et demie, votre rythme est plus lent. Il n'y a pas un « bon » rythme ou un « mauvais » rythme, mais juste un rythme personnel plus lent ou plus rapide que celui du temps social, et dont il faut simplement prendre conscience.

6
Éteignez la télévision…

C'est l'un des grands conseils que donnent tous les spécialistes de l'enfance et de l'éducation : éteignez la télévision pendant les repas, les devoirs, lorsque des visiteurs se présentent, ne l'utilisez pas comme bruit de fond. Pourquoi ce qui semble évident pour les enfants ne le serait-il pas aussi pour les adultes ?

À en croire les statistiques, vous passez entre quatre et cinq heures par jour devant la télé. Moins si vous avez déjà appliqué les conseils de la page 71… Auquel cas vous pouvez accéder au stade supérieur en passant, de temps en temps, une soirée complète sans télé ! Pour éviter l'angoisse du vide, procédez par étapes : sur votre cahier, programmez cette soirée dans un délai maximum de trois jours. Ensuite, posez-vous la question : « Que vais-je faire de ce temps libéré ? » Mettez vos idées par écrit, y compris « ne rien faire », ou « prendre un bain d'une heure ». Ne cherchez pas à occuper la soirée à tout prix. Le soir venu, installez-vous devant la télé allumée. Éteignez-la et écoutez le silence pendant au moins trois minutes…

7
Faites semblant...

Prenez dix minutes, et faites semblant... d'être calme ! Peu importe l'état de stress ou de tension dans lequel vous êtes, il vous suffit de simuler le calme pour produire en vous une qualité de détente extraordinaire. Cela vous paraîtra étonnant, voire étrange mais, comme un acteur sur scène, essayez de jouer le rôle d'une personne calme : ralentissez vos mouvements, juste un peu ; respirez lentement, juste un peu ; souriez à tout le monde, juste un peu. Vous vous apercevrez très vite qu'au bout de quelques minutes vous êtes réellement calme.

Cette technique fonctionne bien pour deux raisons. La première est psychologique : en simulant un comportement calme, vous faites croire à votre subconscient que, tout compte fait, vous êtes une personne sereine. Or, notre subconscient aime imaginer et jouer des rôles ! Il va alors influencer notre état d'être du moment. La seconde est physiologique, et c'est là le plus étonnant : lorsque vous souriez, vous faites agir quarante-deux muscles faciaux, qui envoient des signaux électrochimiques au système nerveux autonome, lequel régule certaines fonctions du corps comme la respiration, l'activité cardiaque, la tension musculaire. Ce processus produit également, dans le cerveau, des endorphines, qu'on appelle aussi « molécules du bonheur ». L'effet est immédiat.

Vous pouvez donc agir sur votre état intérieur en effectuant de simples gestes physiques ! Cela a maintes fois été démontré scientifiquement. Par exemple, en 1994, les chercheurs d'un laboratoire américain de physiologie ont réalisé une étude avec des acteurs. Ils leur ont demandé de jouer différentes émotions : la joie, l'amitié, la colère, la dépression, la peur, le calme, la fatigue, etc. Chaque fois, ils ont mesuré les réponses physiologiques (battements cardiaques, respiration, etc.) et fait des analyses sanguines : les résultats étaient identiques à ceux obtenus avec des émotions réelles.

8
Ralentissez vos gestes

Le jeu consiste à choisir une action quotidienne, et à ralentir vos gestes le plus possible. Commencez d'abord par prendre votre cahier, et à faire la liste de toutes les petites activités simples qui demandent une action physique, celles que vous faites normalement rapidement, par habitude (prendre une douche, se laver les dents, laver la vaisselle, passer l'aspirateur, éplucher les légumes, ranger les vêtements, faire la poussière, classer les journaux, ratisser la pelouse, etc.). Vous pouvez d'ailleurs utiliser toutes les notes que vous avez prises au cours de l'enquête sur votre vie (chapitre I) pour y repérer vos petites actions quotidiennes si vous n'avez pas d'idées. Lorsque vous avez fait votre choix et qu'est venu le moment de passer à la pratique, respirez lentement, profondément, et ralentissez à l'extrême *tous* vos mouvements.

Concentrez-vous sur votre posture, sur la façon dont vous vous tenez, sur chacun de vos gestes, sur l'objet que vous avez en main, sur le contact avec l'objet et la sensation physique de ce contact, sur votre respiration. Pour ralentir encore vos mouvements, vous pouvez imaginer que vous êtes dans un énorme pot de miel. Concentrez-vous alors sur vos muscles et sur la façon dont vous respirez. Soyez présent à vous-même, observez-vous.

Vous allez certainement prendre conscience d'une quantité de détails qui vous échappent. Par exemple la façon dont vous ouvrez votre tube de dentifrice, dont vous tenez un couteau à légumes, dont vous marchez sur l'herbe... Ralentir, ressentir, écouter, observer, c'est ce que font quotidiennement les bons pianistes, même les plus chevronnés ; lorsqu'ils connaissent par cœur une œuvre rapide – comme une étude pour piano –, qu'ils la maîtrisent parfaitement, ils doivent constamment la retravailler lentement pour reprendre conscience de chaque geste, de chaque note, pour ressentir chaque action des doigts, pour rester en contact avec le clavier, pour réactiver aussi la mémoire immédiate. Sans quoi, peu à peu, les fausses notes s'accumulent (et ne se réparent pas toutes seules!), les doigts sont de moins en moins précis, l'œuvre se noie dans le flou, le pianiste perd contact avec le clavier. Finalement, il ne sera plus capable de transcender sa technique pour ne laisser parler que la musique.

Faites comme les musiciens, reprenez conscience de vous-même! Cet exercice vous permettra non seulement de ralentir votre tempo et d'instaurer le calme intérieur en quelques minutes, mais aussi d'expérimenter avec intensité le moment présent.

9
N'allez pas faire les courses

« Et si, finalement, on se débrouillait avec ce qu'on a ? » Imaginez-vous en train d'annoncer cette bonne nouvelle à votre famille… C'est malheureusement ce que, pour des raisons économiques, bien des familles vivent au quotidien. Pourtant, pour les autres familles (ou même les célibataires), ne pas aller faire les courses peut être une expérience extraordinaire. Pendant cette courte pause dans le temps de consommation, vous pouvez économiser le stress et l'argent des courses tout en allégeant les placards, le frigidaire et le congélateur du surplus. Si vous êtes en famille, présentez l'opération comme un jeu : faites l'inventaire de ce qui vous reste et développez votre créativité en trouvant toutes les bonnes idées pour utiliser à bon escient ce que vous avez. Bien sûr, tout comme ne pas regarder la télé, ce genre de choix va à l'encontre des règles de la société de consommation. Mais qui vous a dit que vous étiez obligé de les suivre ?

10
Ne faites qu'une chose à la fois

Pendant une journée entière, laissez tomber tous les vieux principes de gestion du temps qui datent des années 80, et qui voudraient que l'on puisse occuper chaque minute de notre vie par une, deux ou trois activités simultanées. Pendant toute une journée, donc, faites l'expérience du moment présent : ne lisez pas en prenant votre bain, ne regardez pas la télé en mangeant, ne faites pas le ménage en écoutant les infos, n'engagez pas de conversation téléphonique en faisant la cuisine, dans le métro, soyez juste présent à vous-même et aux autres, et ainsi de suite.

« Quand vous marchez, contentez-vous de marcher. Quand vous êtes assis, contentez-vous d'être assis », avait répondu le maître zen Umon à un élève qui lui demandait comment être en accord avec lui-même. Simple, clair, efficace... et beaucoup plus difficile à mettre en pratique qu'il n'y paraît ! Si vous le voulez, vous pouvez préparer une telle journée en faisant la liste de toutes les activités et de tous les gestes quotidiens que vous menez de front.

11
Écoutez les autres

Peu de gens savent aujourd'hui réellement écouter. Pourriez-vous passer une journée entière à écouter les autres plutôt qu'à leur parler? Tentez l'expérience : pendant vos conversations, soyez présent, attentif et réceptif, oubliez vos soucis, oubliez-vous vous-même, ne répondez que si vous êtes interrogé. Et quoi que vous en pensiez, écouter les autres est aussi la meilleure façon d'apprendre à penser par soi-même... Et pensez de temps en temps à ce kôan zen traditionnel : « Le sage ne dit pas ce qu'il sait, le sot ne sait pas ce qu'il dit. »

12
Goûtez ce que vous mangez

Saviez-vous que la communication entre notre estomac et notre cerveau est beaucoup moins rapide que vous l'imaginez ? : il faut entre vingt et trente minutes pour que certaines hormones gastriques responsables du rassasiement (comme la leptide) se libèrent et envoient un message au cerveau, qui déclenchera alors la sensation de satiété. Aussi, mangez lentement, par petites bouchées. Regardez attentivement ce que vous mangez. Mâchez chaque bouchée comme si vous goûtiez ce plat pour la première fois. De temps en temps, posez vos couverts. Ne vous précipitez pas la tête en avant dans votre assiette pour engloutir le contenu de votre fourchette (comme le font les oies dans leur mangeoire, ce qui n'est pas vraiment du meilleur effet), mais gardez le dos droit et la tête droite en amenant calmement la fourchette à la bouche. En somme, mangez calmement… et proprement !

Un repas doit durer au minimum une demi-heure. Cette attitude plus zen vous permettra non seulement de prendre conscience du moment présent, mais aussi de faciliter la perception des signaux impliqués dans le déclenchement de la satiété. Vous mangerez donc moins !

13
Partez dix minutes en avance

Prenez l'habitude de partir avec dix minutes d'avance. Calculer au plus juste le temps du trajet, l'heure du départ, celle de l'arrivée, tout en priant le ciel qu'il n'y ait pas de bouchons sur la route ou pas de problèmes dans le métro était valable il y a encore quelques années. Mais les temps ont changé. Aujourd'hui, avec la vitesse, les temps de transport se sont considérablement raccourcis, mais sont aussi, pour mille raisons, beaucoup plus aléatoires. Même les trains ne sont plus le modèle d'exactitude qu'ils furent il y a un temps.

Quel que soit le rendez-vous ou l'endroit où vous allez, que ce soit seul ou en famille, partez systématiquement en avance. Cela vous évitera d'abord une bonne dose de stress, surtout si vous subissez un ralentissement sur la route, et vous aurez ensuite toutes les bonnes raisons d'y prendre goût : vous saurez que, en arrivant, vous aurez dix minutes pour vous, pour ne penser à rien ou pour réfléchir, pour respirer, pour observer, pour vous calmer, pour vous retrouver. Tentez cette grande aventure au moins une fois, et vous remarquerez que le changement d'état d'esprit est immédiat. Ces dix minutes d'avance ne sont pas « dix minutes de perdues », mais *dix minutes pour être bien…*

14
Cassez une routine

Il n'y a rien de pire, pour la philosophie zen, que de laisser les routines quotidiennes mener notre existence. La routine fait disparaître la conscience du moment présent, laisse l'esprit s'évaporer, et nous fait donc perdre contact avec nous-mêmes. Le meilleur moyen pour remettre l'esprit en éveil et découvrir le réel pouvoir du « ici et maintenant », c'est de créer une surprise !

Reprenez la liste de vos activités quotidiennes et hebdomadaires, relevez celles que vous pouvez considérer comme des « routines ». Il peut s'agir de n'importe quelle tâche (mais surtout pas les moments que vous aviez choisis pour vous retrouver avec vous-même !). Ensuite, vous décidez de remplacer cette activité par une autre… ou par rien du tout ! Exemples : vous faites les courses tous les samedis à 17 heures. Un samedi, vous pouvez décider de les faire à 13 heures, ou bien de rester chez vous… Le dimanche midi, c'est vous qui préparez le repas. Pour une fois, passez commande chez un traiteur ou demandez aux enfants de s'en occuper eux-mêmes… Vous allez au cinéma tous les mercredis soir ; restez chez vous pour lire un livre… Chaque fois que vous voulez mettre de la soupe au menu, vous achetez toujours de la soupe en boîte ; achetez des légumes et faites une véritable soupe maison…

Ne tentez pas de mettre à mal toutes vos routines d'un seul coup. Choisissez-en d'abord une par semaine. Lorsque vous aurez pris conscience que vous vivez mieux en expérimentant le moment présent et en ralentissant votre rythme, vous aurez de plus en plus envie de faire ce genre de surprise à vous-même… et aux autres !

15
Apprenez un poème

Un poème, mais pourquoi pas une chanson, un texte, un monologue de théâtre, une scène d'un film... ou les tables de multiplication si vous préférez ! Passez-y le temps qu'il faut ; une demi-heure, une heure, trois heures ou plus, cela n'a aucune importance, à partir du moment où vous vous consacrez à une seule activité, que le texte vous plaise, et que ce travail n'ait qu'une seule utilité ; faire fonctionner votre mémoire. Ce qui, en soi, est déjà beaucoup ! Voilà encore une pause dans le temps que vous pouvez vous accorder, même si apprendre un poème vous semble complètement inutile. C'est pourtant là un excellent exercice pour retrouver l'intensité du moment présent et aérer un esprit encombré. Vous pourrez, ensuite, consacrer un moment de réflexion sur ce qui, dans la vie, est « utile » ou « inutile ». Un secret : il n'y a rien de tel, pour casser une routine, que de s'adonner à une activité inutile !

16
Offrez-vous un massage

On ne répétera jamais assez les vertus du massage. À la fois art, hygiène de vie et thérapie, il a été pratiqué sous mille formes depuis l'aube des temps dans toutes les civilisations, sauf dans la culture chrétienne. Il soulage les maux de dos et certaines douleurs, améliore la circulation sanguine et lymphatique, rend les muscles plus souples, oxygène les cellules et la peau, élimine les toxines, remonte le niveau d'énergie, aide à régler certaines insomnies, etc. Anti-stress dont l'efficacité n'est plus à démontrer, le massage augmente aussi la conscience du corps, éveille les émotions, aiguise les perceptions, permet d'être plus présent à soi-même.

Offrez-vous un véritable cadeau – parce qu'une séance d'une heure est la plupart du temps assez onéreuse – en vous abandonnant aux mains d'un professionnel qui, lui, prendra le temps de s'occuper de vous...

17
Ne faites rien…

« S'asseoir tranquillement, ne rien faire, vient le printemps, et l'herbe pousse d'elle-même. » (Dicton zen)

Si vous appelez un temps libre un « temps mort », c'est que vous avez probablement l'impression de perdre un peu de votre vie. Voilà pourquoi, pour certains, perdre du temps c'est perdre la vie… « Ne rien faire » ressemble effectivement à ce que vous pouvez appeler un « temps mort », ce qui peut provoquer une angoisse incommensurable. « Ne rien faire » est sensiblement différent de « prendre du temps pour soi », une attitude plutôt active. Ne rien faire, c'est tout simplement ne rien faire. Tout au plus s'asseoir à la terrasse d'un café, un thé à la main, et attendre. Quoi ? Rien…

Même si ce genre de comportement est très mal vu, porté en dérision, considéré comme un accès de paresse, ou jugé comme répréhensible parce qu'il n'est pas productif, c'est un réel besoin. En témoigne l'aventure du livre *L'Art de ne rien faire*[1], de Catherine Laroze, dont le succès en librairie a créé la surprise. Pour elle, l'une des solutions pour ralentir son rythme de vie passe par le respect de « sas » réguliers, des temps de réflexion et d'introspection, pour réfléchir à ce que l'on vit. Elle-même applique ses conseils : « Lorsque j'ai deux rendez-vous stressants dans la journée, je sais qu'ils vont demander beaucoup de moi, et donc je prévois d'aller savourer un thé à une terrasse entre les deux. »

---

1. Catherine Laroze, *L'Art de ne rien faire*, Aubanel, 2003.

Nous avons tous besoin de ces moments de « jachère psychique », de ces moments où l'on peut rompre avec le quotidien pour laisser l'esprit vagabonder, remettre ses idées en place. La sociologue Nicole Samuel, spécialiste des loisirs[1], affirme que nous ne consacrons qu'une à deux minutes par jour à la réflexion… C'est nettement insuffisant ! Cette pause dans le temps, les artistes la connaissent bien, et l'appellent la « mise en disponibilité ». Alors que, apparemment, ils ont l'air de ne rien faire, c'est justement pendant ces moments que l'inspiration vient. Ou ne vient pas. Auquel cas la pause sera plus longue.

N'hésitez plus : de temps en temps, arrêtez-vous. Asseyez-vous dans un coin de la cuisine, sur un banc du jardin, ou allongez-vous sur votre lit en regardant le plafond. Et surtout, ne vous dites pas : « Je vais essayer de ne rien faire », ce n'est pas une attitude zen. Expérimentez le moment présent en disant : « Je ne fais rien. » Non seulement vous en avez le droit, mais vous le méritez !

---

1. Nicole Samuel, *Le Temps libre, un temps social*, Méridiens Klincksieck, 1984.

18
Enfermez-vous !

Ne vous est-il jamais arrivé de penser que, tout à coup, vous n'aviez plus envie de voir personne, tout en imaginant vous retrouver sur une île déserte pour souffler un peu ? Ne vous inquiétez pas ; il arrive à tout le monde de se sentir, à un moment donné ou un autre, compressé, surpressé, sollicité de toutes parts, submergé, étouffé. C'est que la communication avec les autres – nos collègues, nos amis, nos connaissances, nos voisins et même notre famille – demande beaucoup d'énergie. Physique, bien sûr, et mentale aussi. Mais également de cette énergie plus subtile, considérée par les Chinois comme la « source de vie », et qu'ils appellent le « Qi ». Lorsque nous avons dépensé trop d'énergie, lorsque le seuil « vital » est descendu trop bas, le besoin de s'isoler pour se ressourcer se fait ressentir très rapidement.

Alors, mettez votre menace à exécution ! Enfermez-vous l'espace d'une journée, et ne voyez personne. Irréalisable ? Non. Il suffit de le vouloir. Pour les célibataires, l'opération est assez simple ; il vous suffit de programmer, dans les deux semaines à venir, une journée à la maison, sans visiteurs, sans rendez-vous, sans téléphone, ou une journée de marche solitaire en forêt. Si vous vivez en couple ou si vous avez une famille, l'opération est plus difficile, et le degré de difficulté dépendra du degré de communication que vous avez avec vos proches, et donc la façon dont ils pourront comprendre et accepter votre besoin de vous isoler.

Mais surtout, prenez une journée pour vous, pour vous retrouver vous-même, et non pour abattre une montagne de travail en retard. Faites-vous plaisir ; prenez des bains interminables, mangez uniquement ce que vous aimez, regardez le film que vous préférez, pensez aux bons moments que vous avez passés dans votre existence. Laissez votre esprit vagabonder, et ne faites rien si besoin est.

Une variante de ce rendez-vous avec soi-même connaît de plus en plus de succès depuis quelques années : la retraite en monastère. Certaines abbayes et monastères accueillent en effet, pour des séjours plus ou moins longs, des personnes comme vous et moi qui désirent faire une pause dans le temps, éprouvent le besoin de se retirer pour réfléchir, pour faire le point sur leur vie, pour goûter le plaisir d'un calme authentique et d'une vie simple. La prière n'est même pas obligatoire ! Que vous choisissiez la formule monacale ou la journée solitaire, une règle : restez simple avec vous-même.

19
Faites une liste de questions...

... Mais pas n'importe lesquelles ; toutes celles pour lesquelles vous n'avez jamais eu de réponses... Elles peuvent concerner tous les sujets que vous souhaitez : votre enfance, un secret de famille, la vie, l'âme dans l'Au-delà, les extra-terrestres, la machine à vapeur, le sens de la vie, l'existence de Dieu, un secret de fabrication, l'origine de votre don pour les arts, ce qu'est devenu tel ou telle camarade de classe, et ainsi de suite. Nombre illimité !

Pour établir cette liste, prévoyez d'y consacrer trois ou quatre heures, de préférence un après-midi dans une semaine très chargée. Débranchez le téléphone, éteignez votre portable, laissez la télé et la radio éteintes, et ne mettez pas de musique. Installez-vous confortablement, votre cahier de notes à la main, et allez-y !

Au fur et à mesure que vous allez progresser, vous allez assister à un phénomène étonnant ; un véritable « nettoyage » de l'esprit. En demandant à votre mental de travailler avec l'objectif de vous restituer les questions qui restent en suspens, vous l'obligez à passer en revue des millions d'informations, d'images, de souvenirs, d'événements. C'est une forme d'introspection qui apporte un souffle intérieur nouveau, et peut même parfois vous permettre de faire le point sur vous-même.

Et que faire ensuite de cette liste ? Rajoutez simplement cette question à votre liste...

20
Créez votre espace sacré

Beaucoup plus de personnes qu'on ne l'imagine ont compris l'importance d'aménager un espace sacré, un espace où elles pourraient se sentir reliées à elles-mêmes et aux autres tout en arrêtant le flux du temps pour vivre, l'espace d'un instant, le moment présent. Il y a quelques années déjà, j'avais réalisé une enquête sur les « autels personnels »[1]. Après un appel à témoins, persuadé que j'allais avoir bien des difficultés à dénicher quelques témoignages, c'est pourtant par dizaines que j'ai reçu des réponses ! Pour la plupart, ces personnes s'étaient installé un petit espace – dans leur chambre, sur un coin de cheminée, dans une armoire de salle de bains, près d'un arbre du jardin, dans une boîte en carton, sur une table basse... – pour pouvoir se retrouver avec elles-mêmes, pour se relier à une partie plus profonde d'elles-mêmes.

« Ma chambre est très petite, raconte Madeleine, consultante en recrutement. Aussi, faute de place, j'ai installé mon autel... sous ma coiffeuse ! Ce manque d'espace me permet pourtant de faire le vide, d'installer la paix en moi. J'y ai placé une quantité d'objets qui comptent pour moi, en majorité des bibelots ramenés de voyage : des petites statuettes de divinités hindoues et tibétaines, des pierres sacrées indiennes d'Amérique du Nord ainsi qu'une plume et un "capteur de rêves", une bougie norvégienne, un brûle-parfum hindou, du sable, des cartes postales

---

1. Erik Pigani, « Les autels particuliers », *Psychologies magazine*, n° 203, décembre 2001.

représentant des personnages sacrés. Certains objets représentent aussi des gens que j'aime. C'est un véritable petit coin de ma vie, de mes souvenirs, qui me permet de me relier à moi-même et de retrouver mon véritable "soi" – dans le sens jungien du terme, c'est-à-dire l'unité de mon être – que je n'ai pas souvent l'occasion de fréquenter au cours de mes journées de travail ! Comme je ne maîtrise pas la pratique pure des longues méditations, mes visites durent entre cinq et quinze minutes, plusieurs fois par semaine. Je m'assieds sur un coussin face à mon dressing, et je me penche légèrement en avant pour être immergée dans cette ambiance. Ces moments sont courts, mais précieux. Lorsque je traverse une passe difficile, même si je suis au bureau, le simple fait de visualiser mon petit autel me permet de retrouver la sérénité. »

« Je n'ai jamais pensé installer un "coin prière", explique Marcella, grand-mère de famille. C'est plutôt lui qui, jour après jour, s'est imposé à moi. Tout a commencé avec le cadeau d'une collègue artiste : une magnifique Vierge à l'enfant, en terre cuite, qu'elle avait faite et qui avait été exposée dans un musée. Il y a douze ans, lorsque nous avons déménagé, elle a trouvé naturellement sa place sur le coin gauche de la cheminée du salon, qui est, pour toute la famille, la pièce la plus importante. Je ne l'avais pas fait exprès mais, curieusement, elle est visible de presque tous les endroits du rez-de-chaussée de notre maison. Au début, j'ai pris l'habitude de la fleurir, d'allumer une bougie discrète... J'ai commencé par y faire régulièrement une pause

138

en priant intérieurement pour les miens et la famille de cette artiste qui m'avait fait ce cadeau extraordinaire. Lorsque ma sœur est décédée, j'y ai placé sa photo, et non sur les rayonnages de la bibliothèque avec les autres photos de famille. Ce coin de cheminée est mon lieu de recueillement, de prière, et une bougie y brûle désormais en permanence. Il a une "présence" en lui-même dans la maison. »

Créer un espace de recueillement permet de focaliser très rapidement la pensée et l'attention, d'entrer dans le ici et maintenant. Cependant, vous n'êtes pas obligé de vous engager dans une démarche spirituelle ! Vous pouvez aussi inventer un espace sacré « laïque », un petit coin de souvenirs, de photos, de petits objets que vous avez recueillis pendant vos voyages… La seule condition est que l'espace soit bien délimité et que personne d'autre que vous ne puisse y toucher. Ce sera « votre coin à vous », devant lequel vous allez pouvoir vous asseoir quelques minutes chaque jour pour souffler.

21
Inventez un rituel

S'il est difficile de se conformer aux rythmes de la nature et de tenir compte de nos rythmes biologiques, il est un petit geste, un petit arrêt dans le temps que vous pouvez facilement aménager dans votre vie : un rituel. N'importe lequel. S'asseoir pour méditer dix minutes tous les matins, s'arrêter pour faire une pause thé à 16 heures tous les jours, allumer une bougie et faire une minute de silence pour la paix dans le monde ou la santé de nos proches, lire une histoire en famille tous les jeudis soir, remercier le Ciel ou la Vie au début de chaque repas... Peu importe la nature du rituel que vous choisirez, à condition qu'il ne soit pas fait à la va-vite, comme on prend de justesse un médicament qu'on a failli oublier. Un rituel doit être fait en pleine conscience du ici et maintenant.

Superstition ? Peut-être. En tout cas, les rituels existent depuis que le monde est monde et, qu'ils soient païens ou religieux, magiques ou mystiques, collectifs ou personnels, ils ont toujours servi à ponctuer le temps d'un instant présent sacré. C'est un processus naturel qui permet à la fois de se relier à soi-même et au temps qui coule en soi, et de cristalliser une force intérieure, une énergie qui rend nos actions plus efficaces. Ce processus est si naturel chez les êtres humains que certaines personnes créent elles-mêmes naturellement cet instant de présence à soi-même. Comme cet illustre collectionneur qui saluait tous les matins un vieux magot chinois du XIXe siècle – une porcelaine représentant le dieu du contentement – posé sur la droite de son bureau. « Jamais il n'aurait dérogé à ce rituel, et c'était un grand honneur pour cette statuette qui n'était pas rangée avec les autres objets de sa collection ! » expliquait sa gouvernante. Cet illustre collectionneur n'était autre que… Sigmund Freud ! Curieuse attitude de la part d'un homme qui s'était élevé presque toute sa vie contre la « pensée magique »…

Si les rituels ont toujours existé, c'est parce qu'ils jouent un rôle important dans notre équilibre psychique. Il n'y a donc aucune honte à déposer un petit bouquet de fleurs pour les anges une fois par semaine sur le coin de la cheminée, même si on ne croit pas aux anges… Inventer votre propre rituel, votre propre moment sacré, vous permettra aussi de lâcher prise sur vos a priori et sur le désir de vouloir tout contrôler…

22
Triez, rangez, classez, réorganisez

Il est inutile de vous préciser que les vingt et une attitudes précédentes ne servent à rien si vous vivez dans une pagaille insen-
sée. Aucune structure temporelle ne peut, dans notre monde,
fonctionner sans une bonne structure spatiale. Si les conseils du
chapitre « Allégez » n'ont pas été suffisants, prenez encore du temps
pour trier, classer et ranger vos objets, vêtements et documents.
Commencez par les photos de famille. L'ordre du passé sera ainsi
plus clair. Continuez avec les boîtes de souvenirs pour le régler définitivement. Passez ensuite au présent le plus quotidien possible : la
cuisine. Triez couteaux, fourchettes, assiettes, plats, casseroles et
accessoires en ne gardant que ce qui est nécessaire. Donnez le
reste. Réorganisez l'espace, redonnez un peu plus de vie, de fonc-
tionnalité et de fantaisie au lieu de rencontre privilégié de toutes les
familles. Cette opération de « grand nettoyage », d'allégement et de
réorganisation peut prendre plusieurs jours, si ce n'est plusieurs
semaines. Mais le résultat se fera très vite sentir, et pourra être équi-
valent à celui d'un déménagement ; en vivant dans un espace réor-
ganisé, vous aurez la sensation de vivre dans un autre temps.

Mais vous aurez peut-être aussi la joie de redécouvrir les
gestes élémentaires de l'existence. Voilà la base même de la
sagesse zen, si bien illustrée par cette anecdote bien connue : à
la fin d'un repas, un jeune moine demanda à son maître ce que
signifie le zen.

— As-tu fini de manger ton riz ? demanda alors le maître.
— Oui, répondit le jeune élève…
— Alors va laver ton bol !

IV

OBSERVER

« Notre vie est l'instrument
avec lequel nous faisons
l'expérience de la vérité. »
Thich Nhat Hanh

Voir les choses autrement, c'est vivre les choses autrement. Il en est de même pour le temps. Avoir une autre vision du temps le fait vivre autrement. Voilà pourquoi, pour maîtriser l'art zen du temps, il faut aussi être capable de prendre du recul sur nos idées toutes faites sur la nature du temps, notamment sur nos conceptions intellectuelles d'un temps inéluctable, qui ne s'écoule que dans un seul sens – du passé à l'avenir. La réalité, du moins celle qui comporte aussi les choses que nous ne voyons pas et que nous ne comprenons pas, n'est pas aussi simple. La physique moderne l'a déjà largement démontré. Certains types de phénomènes, dits « étranges », qui font pourtant partie de la vie quotidienne si on veut bien les observer, nous montrent aussi que l'espace-temps qui constitue les fondements de notre quotidien n'est pas aussi limité qu'on le croit.

Ce chapitre a pour objet de vous faire prendre conscience qu'il existe d'autres visions du temps, et donc d'autres façons de percevoir l'Univers qui nous entoure.

LE SECRET DE L'UNIVERS

C'est en 1982 qu'un coup fatal a été porté à nos anciennes croyances sur un temps immuable et invariable. Alain Aspect, un physicien français, a réalisé une expérience prouvant l'existence d'une communication instantanée à distance entre deux photons. Ce qui signifie, en clair, que des informations peuvent voyager entre deux particules subatomiques à des vitesses supérieures à celle de la lumière, expérience rigoureusement impossible selon la physique classique. Pourtant, elle a bien eu lieu, et a été reproduite avec succès...

Le temps, considéré comme la variable la plus mystérieuse de la physique, est devenu l'un des plus grands défis scientifiques de notre époque. Aussi, certains chercheurs n'hésitent pas à proposer des modèles théoriques extravagants, ou « poétiques », qui s'écartent résolument du chemin tracé par la physique de Newton. L'espace et le temps, nous dit-on maintenant, pourraient bien correspondre à la forme de notre esprit plutôt qu'à celle des choses... Pour le physicien Olivier Costa de Beauregard[1], il n'existe pas à proprement parler de passé ou d'avenir, mais une sorte de continuum où le psychisme humain se déplace dans tous les sens. L'écoulement du temps tel que nous le percevons n'a donc aucune valeur absolue : il répond simplement à une « adaptation de la vie et de la conscience aux exigences de notre Univers à quatre dimensions ».

---

1. Olivier Costa de Beauregard, *Le Temps déployé*, Le Rocher, 1988.

Si on se réfère aux manuels scolaires, on pourrait comparer l'Univers à un grand livre dans lequel notre esprit ne peut lire que dans un seul sens. Mais pour la physique quantique, il n'est pas impossible de le parcourir dans n'importe quel sens. C'est, sommairement, ce qu'Aristote avait pressenti il y a environ 2 300 ans : « L'existence du temps sans la psyché est impossible. » Un autre physicien, David Bohm[1], postule, lui, un univers qu'il qualifie d'« implié » (par opposition à « déplié »), où temps et espace ne sont pas linéaires. Ce que, bien avant lui, Jean Cocteau avait intuitivement exprimé : « Le temps des hommes est de l'éternité pliée »...

Malheureusement, les physiciens ne sont pas toujours poètes, et parlent plutôt de mouvements et de repos, de distances et de durées, de centimètres et de secondes. Ils mesurent des espaces tangibles et un temps intangible, introduisent des valeurs dans leurs équations, les revêtent des atours mathématiques. Leur discours est donc difficile à percevoir par le commun des mortels. Pourtant, ces mêmes physiciens ne sont ni des automates ni des ordinateurs, et ils peuvent créer avec émotion. Derrière les équations se cachent alors des audaces de l'imagination, des sentiments impérieux qui transcendent la logique et révèlent l'essence subtile de la vie.

Le temps et l'espace sont des notions si familières que nous considérons souvent qu'elles vont de soi. On oublie que le concept même du temps fait partie des fragiles fondations sur lesquelles repose la structure complexe de la théorie scientifique et de la pensée philosophique. Chaque atteinte à ces concepts a créé une vague de fond qui a déferlé sur la science, la philosophie, et donc sur notre pensée. Comme la théorie de la Relativité d'Einstein qui, au début du XXᵉ siècle, avait bouleversé nos idées sur le temps et l'espace. Aujourd'hui, les nouvelles conceptions

---

1. David Bohm, *La Plénitude de l'Univers*, Le Rocher, 1987.

des grands chercheurs de notre époque sont sur le point de transformer encore plus profondément notre vision du monde et de la vie. Cependant, l'essence de ces théories n'est pas nouvelle : depuis des millénaires, les hindouistes, les bouddhistes et certaines autres traditions spirituelles nous enseignent que tout recommence toujours et que le temps n'est qu'une illusion. Cependant, comme ils ont malgré tout l'esprit pratique, ils ajoutent que, puisque nous vivons dans un monde où l'illusion domine, il importe que chaque chose soit faite en son temps...

LES HASARDS PEUVENT ÊTRE HEUREUX

Isabelle n'en revient toujours pas. Hier, elle se rendait chez des amis et, dans le métro, elle songeait au coup de téléphone angoissé d'un bon copain. Il avait besoin d'un avocat, pas trop cher. Isabelle réfléchissait : qui, dans ses relations, pouvait l'aider ? Elle avait bien connu Antoine, un jeune maître du barreau avenant et sympathique, mais l'avait perdu de vue depuis des années. Comment retrouver ses coordonnées ? Plongée dans ses pensées, elle oublie de descendre ; sa station s'éloigne. Deux arrêts après, elle s'en aperçoit enfin, sort précipitamment du wagon, monte les escaliers quatre à quatre... et tombe nez à nez avec Antoine !

Hasard ? Coïncidence ? Signe du destin ? Pas forcément. Selon les analystes jungiens et les psychologues du transpersonnel, ce hasard heureux est une « synchronicité », autrement dit l'apparition simultanée de deux événements indépendants reliés par une signification.

Nous allons aborder ici l'une des manifestations les plus curieuses de l'espace-temps. Ce chapitre a pour but de vous faire prendre conscience qu'il est possible d'avoir une vision de la vie très différente, et bien plus large, que la vision causaliste dans laquelle nous avons été éduqués. C'est la raison pour laquelle de plus en plus de psys et d'animateurs en développement personnel intègrent cet étrange concept à leur pratique, de thérapeutes à leurs séminaires, de scientifiques à leurs recherches et d'auteurs à leurs livres. Pour eux, une certitude : ces coups de chance, il est possible de les provoquer. Pour découvrir comment il est possible de voir d'une façon beaucoup plus large les structures de l'espace-temps et de titiller le destin, voici un parcours résumé en trois étapes.

PREMIÈRE ÉTAPE : OBSERVER LE MONDE

Le hasard n'arrive-t-il que… par hasard ? Rien n'est moins sûr. Les coïncidences ne sont ni des raretés ni des vues de l'esprit. Elles sont même si fréquentes qu'elles ont été étudiées de manière scientifique. Jusqu'au début du XXe siècle, certains, comme l'astronome Camille Flammarion, collectionnaient les coïncidences comme d'autres les timbres-poste ou les papillons. Ainsi, ils confectionnaient des catalogues bourrés d'histoires personnelles, de récits d'amis, de coupures de journaux relatant de telles aventures. Peut-être pour prouver que ces événements étranges « signifient quelque chose », mais certainement en se sentant coupables de pécher contre les lois de la rationalité. Dans *Le Réquisitionnaire*, Balzac avait même écrit que ces « sympathies qui méconnaissent les lois de l'espace » rassemblées par ces amateurs d'impossible « serviront un jour à asseoir les bases d'une science nouvelle à laquelle il manque un homme de génie ». Cet homme, ce sera Paul Kammerer.

En 1900, ce jeune biologiste autrichien commence sa propre collection. Des banalités. Noms ou chiffres identiques qu'il rencontre au cours d'une journée, lettres similaires qu'il reçoit de correspondants différents, rêves de plusieurs personnes évoquant les mêmes thèmes… Ainsi, il note méticuleusement tous les événements concordants et met au point une classification par genre et importance des points communs comme d'autres ont classé les lézards de l'Adriatique. Par exemple, un jour sa femme lit un roman dans lequel apparaît une madame Rohan ; le soir même, le prince Joseph de Rohan leur rend visite à l'improviste. Voilà une série simple, avec deux points communs. Kammerer relève aussi des événements beaucoup plus spectaculaires totalisant parfois jusqu'à cinq points communs. Exemple : en 1915, deux soldats avaient été admis le même jour dans un hôpital militaire de Bohême. Jusque-là, rien d'extraordinaire. Mais tous deux avaient dix-neuf ans, souffraient de pneumonie, étaient nés en Silésie, étaient volontaires, et s'appelaient… Franz Richter !

Le biologiste ne se contente pourtant pas d'accumuler les cas. Il passe aussi des heures sur les bancs des jardins publics à observer attentivement les passants, à noter les styles de vêtements qu'ils portent, les objets qu'ils transportent, les particularités individuelles, et commence à remarquer des groupements – phénomène plus connu sous l'appellation populaire de « loi des séries ». En 1919, devenu un éminent scientifique, Kammerer publie le résultat de ses observations, assorti d'analyses statistiques très élaborées et d'une tentative de théorie : il y aurait, dans l'Univers, une force qui, comme la gravitation, regrouperait les « semblables » par affinités. Bien qu'il n'aille pas plus loin, Einstein lui-même déclare que ce livre est « original et nullement absurde ».

Quasiment inconnus du grand public, les travaux de Paul Kammerer ne sont guère cités que par quelques spécialistes. Pourtant, ils nous révèlent deux choses fondamentales de notre vie quotidienne. D'abord, que le principe de « sérialité » (la loi des séries) – le fameux « jamais deux sans trois », si on préfère – n'est pas un pur produit de l'imagination, mais un phénomène plutôt courant que connaissent bien les statisticiens, les compagnies d'assurances ou les habitués du Loto. Ensuite, que les coïncidences apparaissent uniquement si l'on apprend à regarder le monde qui nous entoure. Être attentif à soi-même, aux autres et à son environnement est d'ailleurs l'un des principes premiers du développement personnel. C'est pourquoi il est vain de vouloir provoquer la chance si on ne reconnaît pas l'existence des hasards heureux, si on ne fait pas l'effort d'observer le monde qui nous entoure, et si on n'adopte pas un état d'esprit ouvert et positif…

DEUXIÈME ÉTAPE : TRAVAILLER SUR SOI

Il s'agissait, jusque-là, d'une approche physique, matérielle des coïncidences. Quelques années plus tard, Carl Gustav Jung, le fondateur de la psychologie analytique – dite aussi « psychologie des profondeurs » –, les intègre dans le champ de la psy. Au cours des années 20, alors qu'il commence à explorer les couches les plus profondes de notre inconscient, le psychiatre suisse observe, lui aussi, des quantités d'événements étranges. Mais quelle peut donc être leur utilité, si utilité il y a ? Il obtient un début de réponse alors qu'il s'occupait d'une femme dont l'approche très rationnelle de la vie et l'étroitesse d'esprit rendaient toute forme de traitement particulièrement difficile. Un jour, dans la demi-obscurité de son cabinet, cette patiente lui raconte un rêve dans lequel elle avait vu un scarabée d'or. Dans l'Égypte ancienne, c'est un symbole de renaissance. Jung le sait, et il se demande si cette femme n'est pas sur le point d'opérer un début de transformation intérieure. Tout à coup, il entend un tapotement à la fenêtre. Il se lève, l'ouvre, et un beau scarabée vert doré entre en voletant. Il le saisit, et le montre. Pour sa patiente, c'est le choc : le symbole dont elle venait de parler s'est présenté de lui-même. Ce hasard heureux a ébranlé ses convictions rationalistes et a permis à leurs entretiens de devenir beaucoup plus constructifs.

Passionné par ces signes impromptus, il les regroupe sous l'appellation de « synchronicité », un mot qu'il forge pour désigner des événements reliés par une signification, mais pas par une relation de cause à effet. Pour Jung, il y aurait donc, entre la psyché et la matière, une relation très étroite. « Bien sûr, pour appliquer cette conception au quotidien, il faut commencer par se dégager du carcan de notre éducation rationaliste », explique Robert H. Hopcke. Psychothérapeute et directeur du Center for Symbolic Studies de Berkeley, en Californie, il est l'auteur du best-seller *Il n'y a pas de hasards*[1]. Il explique que ces phénomènes ne sont pas simplement des curiosités ou des événements qui bousculent nos conceptions de l'espace-temps, mais qu'ils peuvent nous apporter des bénéfices considérables, tant personnels que professionnels.

Tout dépend de notre capacité à écouter notre intuition. Un exemple particulièrement significatif avait été rapporté par Lise, une auteure québécoise de chansons. Alors qu'elle était étudiante, elle avait investi toutes ses économies pour créer un « bar à chansons » à Québec. Pour l'inauguration, elle voulait inviter des journalistes, mais tous lui avaient répondu qu'elle devait créer un événement en faisant parrainer son bar par une personnalité. Le chanteur Félix Leclerc, par exemple. Elle ne le connaissait pas et cherche à le contacter. En vain. « J'avais vraiment besoin de sa présence pour l'ouverture, raconte Lise. Sans lui, aucun journaliste n'aurait voulu venir. Tout à coup, j'ai eu confiance en la Vie, car je sais qu'elle apporte bien souvent des réponses à nos besoins fondamentaux. » Le soir même, la jeune femme éprouve l'envie d'aller faire un tour en voiture. Pourtant, il fait nuit, et c'est l'hiver. Elle roule. Sur un pont, devant elle, une voiture fait une embardée et se fiche dans un banc de neige. Elle s'arrête un peu plus loin pour aider le conducteur. Il sort de sa voiture… c'était Félix Leclerc ! Quinze jours plus tard, le chanteur faisait l'ouverture du bar à musique de Lise.

---

1. Robert Hopcke, *Il n'y a pas de hasards*, Robert Laffont, 2000.

TROISIÈME ÉTAPE : ACCUEILLIR LE MONDE

Au XVIIᵉ siècle déjà, l'écrivain Horace Walpole avait décrit ces phénomènes synchronistiques dans un conte, *Les Trois Princes de Serendip*. En résumé, les princes rencontrent toujours ce dont ils ont envie ou besoin, à chaque fois comme par la « chance d'un hasard heureux », ce qui, on s'en doute, les tire d'affaire dans les circonstances difficiles. « Serendip », c'est l'ancien nom de l'île de Ceylan. Walpole a donc créé le mot « serendipité » pour désigner la chance d'un hasard heureux qui se produit au bon moment, et la capacité de rencontrer comme par miracle des choses essentielles pour notre existence. Ce concept est plus « actif » que celui de la synchronicité : il suppose que nous soyons capables de discerner nos besoins fondamentaux, ceux qui nous permettent de progresser dans la vie, des simples désirs ou des satisfactions éphémères.

« Cet état d'éveil ou de vigilance permet par exemple de trouver une place de parking là où on se rend, de trouver un taxi qui débarque des voyageurs devant sa porte un jour de pluie, de trouver un livre épuisé à la vitrine d'un marchand en passant par hasard dans une rue inconnue, explique la psychothérapeute Anne Ancelin-Schützenberger[1]. La sérendipité est beaucoup plus, et bien autre chose, que la "baraka", car elle se situe entre le hasard et la nécessité, entre la naïveté de l'enfant et la sagacité. »

---

1. Anne Ancelin-Schützenberger, *Aïe, mes aïeux*, Desclée de Brouwer/La Méridienne, 1998. Interview du 28 novembre 1997.

Impossible ? Si vous ne croyez toujours pas que nos besoins peuvent être comblés par la vie, demandez à Anthony Hopkins : en 1973, alors qu'il habitait Londres, le célèbre acteur avait été engagé pour jouer dans *The Girl From Petrovka*, l'adaptation à l'écran du roman de l'écrivain britannique George Feifer. Un jour, pour s'imprégner de cette histoire, il avait visité un certain nombre de librairies sans trouver l'ouvrage qu'il cherchait. En se dirigeant vers le métro pour rentrer chez lui, il passe près d'un banc public et découvre... un vieil exemplaire usé et annoté du roman, abandonné là ! « Mais ce n'est pas le plus incroyable, ajoute Hopkins. Presque un an plus tard, au cours du tournage, à Vienne, j'ai eu la chance de rencontrer George Feifer, l'auteur. Je lui ai dit combien il m'avait été difficile de trouver son livre, et que le hasard avait fait que j'en découvre un. Il m'a répondu que lui-même n'en avait pas un seul, parce qu'il avait prêté son exemplaire personnel annoté à un ami, mais que le livre avait été volé dans sa voiture. Il y tenait tellement qu'il avait même promis une récompense à qui le retrouverait. J'ai alors sorti l'exemplaire de mon sac... C'était le sien[1] ! »

Même si ces quelques cas semblent extraordinaires, les phénomènes de synchronicité ne sont pas réservés à une élite, à quelques initiés amateurs d'étrange et d'insolite. Leur apparition quasi magique dépend essentiellement de notre propre disponibilité intérieure, et de la façon dont nous regardons le monde : est-ce un territoire fermé, limité, dénué de sens ? Est-ce, au contraire, un vaste champ d'expériences et d'interactions ? Libre à chacun de choisir. Mais il est possible que cela soit une façon, non seulement de vivre en osmose avec le temps, mais aussi de retrouver un sens à la vie.

---

1. Interview personnelle du 18 mai 1983.

7 clés pour titiller la chance

Comme s'il s'agissait d'un jeu, observez attentivement le monde qui vous entoure, et vous constaterez que le réel présente de lui-même une quantité de « signes inattendus ».

1. Tenez un carnet de notes
Comme pour les rêves, plus vous notez les coïncidences, plus elles se multiplient… En demandant à votre mental de prêter attention aux détails de l'existence, vous les intégrez à votre vécu. Alors, votre champ de conscience s'élargit, ce qui vous permet d'accueillir plus facilement d'autres synchronicités.

2. Ne jugez pas
En notant une coïncidence, évitez de vous laisser influencer par votre esprit rationnel avec des réflexions du genre « ce n'est pas assez important », ou « cela n'a pas de sens ». Tous les éléments concordants ne sont pas forcément extraordinaires : n'en rejetez aucun. Observer sans juger, c'est aussi une manière de vivre consciemment le moment présent.

3. Reliez-vous à votre environnement
Oubliez le vieux principe rationaliste selon lequel l'Univers est composé d'éléments séparés : toutes les traditions spirituelles – et la physique quantique – nous expliquent le contraire. Des techniques orientales telles que le Qi gong, le taï-chi ou encore le feng shui sont fondées sur le principe que tout est relié.

4. Ne cherchez pas un sens à tout prix

Toutes les synchronicités, même parmi les plus remarquables, n'ont pas forcément un sens caché : il ne faut pas les confondre avec ce que l'on appelle généralement des « signes du destin » qui, eux, sont rares. La plupart du temps, une synchronicité montre simplement que l'Univers fonctionne, ou qu'il nous répond.

5. Déterminez vos besoins essentiels

Pour que l'Univers puisse vous répondre, aiguisez votre lucidité et soyez honnête envers vous-même en clarifiant sans cesse ce dont vous avez réellement besoin. Plus vous vous ferez à vous-même une demande claire, plus la réponse le sera.

6. Visualisez vos réponses

Prenez cinq minutes par jour pour vous relaxer et imaginer avec le plus de détails possible la résolution du problème que vous voulez traiter. Base du développement personnel, ce type d'exercice de « pensée positive » donne des résultats concrets parfois époustouflants.

7. Gardez à l'esprit que votre vie a un but

Même si vous en doutez, même si vous n'en avez pas conscience, même si vous ne les connaissez pas précisément, sachez que toute existence a un sens et un but. Le simple fait d'y penser et de s'interroger met l'esprit en éveil. Cela permet souvent, à la faveur de rêves ou de « signes », à notre inconscient et à notre Soi supérieur (notre âme), de transmettre des informations sur le sens et le but de notre vie.

禅

UN MOMENT AVEC SOI-MÊME

Outre le fait que la méditation soit le meilleur moment que l'on puisse passer avec soi-même, ses bénéfices ont été largement démontrés par des centaines d'expérimentations menées dans les plus grands laboratoires de neurophysiologie et neuropsychologie[1] : elle permet avant tout de mieux contrôler ses émotions – en particulier lorsqu'elles sont négatives… –, et donc de mieux résister au stress. Elle développe le contrôle de la volonté et donne à chacun la possibilité d'accroître sa concentration, donc d'être plus calme. Les études montrent aussi que la pratique quotidienne de la méditation a des effets extraordinaires sur la santé : elle réduit l'hypertension, diminue le taux de cholestérol, les douleurs chroniques, l'anxiété, la dépendance aux drogues, tandis qu'elle a une influence positive sur le système immunitaire. C'est pourquoi les résultats sont aussi étonnants : chez les méditants, le nombre de consultations médicales diminue de 44 %, la fréquences des maladies cardiovasculaires de 87 %, celle des maladies infectieuses de 30 %…

---

1. Voir à ce propos l'article « Les bienfaits prouvés de l'entraînement mental », Erik Pigani, *Psychologies magazine*, n° 226, janvier 2004, sur le colloque international *Investigating the Mind* qui s'est déroulé au Massachusetts Institute of Technology de Boston en septembre 2003, où ont été livrés les résultats des études sur la méditation menées avec des moines bouddhistes dans des laboratoires universitaires américains.

On ne peut pas concevoir une vie zen sans une pratique, sinon quotidienne, du moins régulière, de la méditation. Il en existe de multiples formes : tibétaine, Vipassana, yogique, transcendentale, chrétienne, juive, soufie, taoïste... La véritable méditation zen est appelée *zazen* (de *za*, « assis », et *zen*, « méditation ») : assis jambes croisées sur un coussin (un *zafu*), colonne vertébrale et tête droites, les yeux mi-clos, on pose son regard à un mètre de soi et on fixe son attention sur le « laisser passer » des pensées, sans les freiner ni les entretenir.

Cependant, cette technique est considérée comme la plus difficile pour les débutants, et il est préférable de la pratiquer en groupe, en disposant des conseils d'un maître avisé. Comme certains pourront être rebutés par son caractère physiquement éprouvant, voici une méthode personnelle, plus accessible, qui ne vous demandera que quelques minutes d'entraînement par jour :

Asseyez-vous sur une chaise et restez immobile, la colonne vertébrale bien droite, sans vous appuyer sur le dossier. Laissez tomber les épaules, posez les mains sur les genoux, la paume dirigée vers le haut. Fermez les yeux. Commencez par respirer lentement, profondément, à un rythme régulier. Par exemple : comptez mentalement 6 secondes pour l'inspiration, 6 secondes pour l'expiration. Au bout d'une minute, poursuivez cette respiration en bloquant les poumons entre chaque inspiration et chaque expiration, tout en comptant mentalement : 4 secondes d'inspiration ; bloquez les poumons 4 secondes ; 8 secondes d'expiration ; bloquez les poumons 4 secondes, et recommencez le même exercice pendant deux ou trois minutes.

Tout en continuant de respirer sur le même rythme, cessez de compter pour vous concentrer successivement sur chacune des parties de votre corps, comme si vous projetiez votre esprit dans la partie que vous allez relaxer. D'abord les doigts de pied, ensuite les pieds, les mollets, les genoux, les cuisses... Remontez très lentement l'ensemble du corps en essayant de sentir les tensions. Apaisez-les. Vous pouvez, par exemple, visualiser une lumière bleue qui envahit doucement chaque partie du corps. Lorsque vous arrivez au sommet de votre crâne, ouvrez légèrement les yeux et fixez un point devant vous, mais sans vraiment le regarder. Inspirez et expirez profondément. Puis modulez à voix haute, chaque fois que vous expirez, les cinq voyelles dans cet ordre : A, E, O, U, I, à raison d'une voyelle par expiration. Poursuivez cet exercice pendant deux ou trois minutes en vous concentrant uniquement sur les lettres et la respiration.

Enfin, tout en gardant la même position, relâchez votre effort de concentration, et tentez de ne plus penser à rien pendant quelques minutes...

Après cette première approche, vous pouvez approfondir votre pratique de la méditation en choisissant une technique parmi toutes les méthodes qui existent, dont certaines ne varient que sur le plan philosophique. Le but étant avant tout d'apaiser le mental, chacune d'elles a sa propre valeur. Comment choisir ? Il n'y a pas de technique « meilleure » qu'une autre, c'est à vous de découvrir celle qui vous conviendra le mieux. Vous pouvez même adapter à votre guise une méthode éprouvée. Surtout, la méditation n'a besoin ni d'être « religieuse » ni d'avoir une orientation spirituelle. C'est une pratique universelle d'entraînement mental, de maîtrise de l'esprit.

Pour méditer, tout est possible : seul ou en groupe, avec ou sans mantra (une phrase répétitive ou une courte prière), yeux fermés ou ouverts, assis ou allongé... Cependant, les habitués de la méditation, quelle que soit la technique adoptée, donnent des conseils de base : choisissez une heure fixe dans la journée, et une durée déterminée. Par exemple, tous les jours à 7 h 30 pendant un quart d'heure. Selon la plupart des méditants, le matin tôt est le meilleur moment de la journée. Évitez ce genre d'exercice après un repas... Au début, inutile de vous forcer à faire le vide pendant une heure. Commencez par cinq minutes, puis dix, jusqu'à sentir intérieurement la durée qui vous sera la plus bénéfique. La moyenne se situe entre vingt et trente minutes. S'il est tout à fait possible d'apprendre seul, avec un livre ou une cassette, un enseignement en groupe, sous la férule d'un instructeur, est une aide appréciable.

PETITS PRÉCEPTES ZEN

Lorsque vous aurez intégré cette technique simple de méditation, vous pourrez aussi méditer sur la nature du temps à partir de ces petits préceptes, conseils ou *koâns* zen...

Ne **courez** pas après la vie :
elle attend toujours après vous.

禅

Lorsque vous dites « je n'ai pas le temps »,
ce temps « pas libre » est, en général,
rempli par **quelqu'un d'autre** que vous,
quelqu'un qui a décidé de ce que vous deviez faire.
Le temps libre, c'est celui que vous allez remplir
vous-même,
sans demander la permission aux autres.
Et si vous n'avez jamais le temps, cela prouve
que le vrai temps, c'est le temps libre.

禅

Il est rare, dans l'agenda d'une personne stressée,
de trouver une case où il est écrit :
« Temps pour **rêver** »,
ou : « Temps pour **ne rien faire** ».
C'est pourtant dans ce temps libre
que nos pensées ont la place de bouger,
de s'organiser, de faire le point,
de construire des projets.

Prenez l'habitude de partir dix minutes
plus tôt à vos rendez-vous.
Ce n'est pas du temps **pour rien**,
mais dix minutes pour **être bien**.

禅

禅

Si vous appelez votre temps libre un « temps mort »,
vous aurez toujours l'impression de perdre un peu
de votre vie.
Voilà pourquoi, pour certains, perdre son temps,
c'est perdre la vie…
De la même façon que vous appelez votre cuisine
ou votre salon
votre « lieu de vie », appelez donc votre temps libre
votre « **temps de vie** ».

Si gagner du temps devient une obsession,
c'est probablement parce que vous avez trop
de tâches à accomplir. Dressez la liste de tout
ce que vous pouvez **éliminer** ou **déléguer**.

禅

禅

Arrêtez d'observer le temps qui s'écoule,
et vous vous sentirez beaucoup plus **libre**.

Pensez au temps qui jaillit à l'instant **présent**,
et non à l'éternité qui vient de **s'écouler**.

禅

Pensez, de temps en temps,
à prendre le temps de ne rien faire.
Cela vous ouvrira de **nouveaux horizons**.

禅

Trop occupé ?
N'entamez pas un nouveau travail en pensant à celui
qui va **suivre**.
À un moment donné, vous risquez
d'avoir l'esprit **surchargé**.

禅

Certains jours ont l'air bien remplis, d'autres vides.
Pleins ou vides : tout dépend de votre perception
du temps.
Mais n'oubliez pas qu'un **moine contemplatif** n'est
pas moins occupé qu'un **businessman**.

禅

« Le temps, c'est de **l'argent** » :
oubliez cette vieille superstition,
et pensez plutôt : « Le temps, c'est de la **vie**. »

禅

Traquez les pensées automatiques telles :
« Je ferai ça après »,
« Je ne peux pas maintenant »,
« On verra plus tard ».
Éliminez-les progressivement :
vous commencerez à vivre dans le moment présent.

禅

Si vous êtes systématiquement **en retard**,
c'est certainement pour attirer l'attention sur vous.
Vous portez-vous assez d'attention ?

C'est nous qui croyons que le passé et
le futur sont séparés.
Et le **présent**, qu'en pense-t-il ?

禅

Qu'est-ce que la **patience**,
si ce n'est voyager avec le temps?

禅

Lorsqu'on **choisit** d'accomplir quelque chose,
on a tout le temps
pour le faire sereinement.

禅

Le temps passe sans s'arrêter.
Mais vous avez la liberté
de le **regarder passer**.
Prenez ce temps
sans vous culpabiliser,
vous y trouverez un peu
de créativité.

禅

Vous pouvez toujours **refuser**
un travail supplémentaire
pour dire que vous voulez
passer du temps avec vos enfants.

禅

Tout comme les poissons ne peuvent
vivre dans une eau trop pure,
on ne peut **respirer**
dans un temps aseptisé.

禅

Ne reprochez pas aux autres
de **prendre leur temps**
parce que vous ne savez
pas prendre le vôtre…

禅

Lorsque vous parlez,
observez le temps que vous **employez** :
imparfait, présent, futur ?
Prenez conscience du temps
le plus juste pour vivre
l'instant présent.

禅

Le temps n'est ni notre ennemi,
ni notre maître, ni notre esclave.
Il est **ce que l'on est**.

禅

Combattre la fatigue est la seule chose
que vous ayez le droit de
remettre au lendemain… matin !

禅

Les adultes oublient trop souvent
que les enfants **transportent** leur temps avec eux,
parce qu'ils sont, eux,
transportés par le temps.

Cessez de vivre
dans la **précipitation**,
comme si vous étiez
perpétuellement en retard,
et prenez le temps de bien faire
ce que vous voulez vraiment faire.

禅

Cet ouvrage a été composé
par Atlant'Communication
aux Sables-d'Olonne (Vendée)

Impression réalisée par l'imprimerie
France-Quercy
à Cahors (Lot)

en février 2005
pour le compte des Presses du Châtelet